法学教育与创新人才研究

梁　伍◎著

中国原子能出版社

图书在版编目（CIP）数据

法学教育与创新人才研究 / 梁伍著. -- 北京 ：中国原子能出版社，2024.8. -- ISBN 978-7-5221-3561-8

Ⅰ. D920.4

中国国家版本馆 CIP 数据核字第 2024HJ6885 号

法学教育与创新人才研究

出版发行	中国原子能出版社（北京市海淀区阜成路 43 号　100048）	
责任编辑	白皎玮　陈佳艺	
责任印制	赵　明	
印　　刷	河北宝昌佳彩印刷有限公司	
经　　销	全国新华书店	
开　　本	787 mm×1092 mm　1/16	
印　　张	12.25	
字　　数	200 千字	
版　　次	2024 年 8 月第 1 版　2024 年 8 月第 1 次印刷	
书　　号	ISBN 978-7-5221-3561-8　　　**定　价　83.00 元**	

前　言

我国法学教育的历史可以追溯到公元前 2 世纪，直至清朝末期开启了现代意义上的法学教育。历经多次变革，为适应国家对高素质法学人才的需求，我国法学教育在不断探索中发展。在本科阶段，可以注重"学术教育"，帮助学生打下坚实的法学理论基础，培养他们的研究能力和批判性思维。在法律硕士阶段，可以加强"职业教育"，帮助学生将理论知识应用于实际工作中，提高他们的实践能力和职业素养。对这两种模式创新性结合，将有助于提升法学教育的质量和实用性，为国家培养更多具备实际应用能力的法律人才。

法学教育的使命在很大程度上受到政治、经济制度，以及社会发展的需求的影响。在我国当前的社会发展阶段，在依法治国、建设社会主义法治国家的目标下，法学教育承担起了为法律职业部门培养后备人才和为全社会各层面培养不同层次的法律人才的重要职责。然而，仅通过四年的法学本科教育和三年的硕士研究生教育，难以满足社会对法律人才的需求。因此，各高校在现有的培养框架下进行了调整。这些调整主要倾向于职业教育或素质教育，或者二者的结合。

从实践的角度来看，这些调整的方向旨在更好地满足社会对法律人才的需求。法学教育不仅要注重学生的法律知识水平，还要注重培养学生的实践能力和职业素养。通过加强实践教学和职业培训，学生可以更好地掌握法律知识，提高法律素养，增强就业竞争力。

同时，法学教育还要注重培养学生的综合素质。学生应该具备跨学科的知识和技能，以便更好地适应社会的需求和发展。法学教育应该注重学生的思想道德教育，培养学生的法律伦理和职业操守，使其成为具有社会责任感和良好职业道德的法律人才。

总之，法学教育的培养目标应该是在满足社会需求的前提下，注重对学生的法律知识、实践能力和综合素质的培养。各高校应该在现有的培养框架下进行合理调整，以更好地实现这一目标。

目　录

第一章

法学教育概述

第一节 法学教育的内涵

一、问题的提出

回望过去 40 余年的中国法学教育，不难发现，很多学者对法学教育的好坏进行了深入的剖析。但是，目前还没有从宏观的角度对这 40 多年来法学教育观念变化的系统性总结。法学教育的背后，存在着关于职业训练和素质培养、精英教育与大众教育的争论。这些思想观念到底是什么呢？自从 1978 年法学教育重新开始以来，经过这 40 多年的发展，法学教育已经转向了内涵式的发展，那么人才培养的观念又经历了怎样的变化呢？这 40 年来，不同地区、不同传统、不同学科环境的法学教育单位有哪些共同的教育理念呢？基于这 40 年法学教育的经验，我们试图进行规律性的研究，但目前还没有取得明显的成果。

在过去 40 年间，中国法学教育的理念可以大致分为三个阶段：第一阶段是义理传承，这一阶段主要强调对法律条文的解读和义理的传承；第二阶段是学以致用，这一阶段开始注重实践应用能力的培养；第三阶段是慎思明辨，这一阶段则更加关注独立思考和批判性思维能力的培养。

在第一个阶段，法学教育主要强调对法律条文和相关理论的记忆与背诵，以积累法律知识为主。第二个阶段则开始注重实践应用能力的培养，通过引入案例教学、模拟法庭等教学方式来帮助学生将所学知识应用于实际案例中。第三个阶段则更加关注学生独立思考能力和批判性思维能力的培养，通过讨论式教学、问题导向式教学等教学方式来帮助学生学会独立思考和批判性思维。

二、既往教学模式的延续：义理传承

（一）义理传承观念的内涵

义理传承的法学教育以传授知识为核心，以课堂和教师灌输为主要方式。40多年前，由于中国法制建设刚启动，实践数量不多，总结不足，法学教育主要关注法律的结构框架规则原则，对法律操作与运行的技巧、能力关注不多，教科书叙述方式大多从概念入手，探讨历史渊源、术语性质，介绍规则并简单解释，对规则如何使用、有哪些例外探讨甚少，对生活中案例的讨论尤其不足，导致法学教育脱离实际，照本宣科。

随着时间的推移和社会的发展，法学教育观念也在不断更新和转变。现代的法学教育观念更加注重实践和应用，强调对法律规则的实际运用和操作能力的培养。这不仅关注法律的结构框架和规则原则，更加注重法律操作和运行的技巧和能力。教科书也不再只是简单的解释规则和概念，而是通过案例和实践中的应用来深入探讨法律规则的运用和实践中的问题。这种转变使得法学教育更加贴近实际，更加注重实践和应用能力的培养，也更加符合人类对经验理性的认知和尊重。

（二）义理传承教育观念的基础

法学教育的传统理念在中国源远流长，可以追溯到古代。早在先秦时期，邓析，一位卓越的思想家和教育家，通过私塾教育传承法律知识，为法学教育在中国的起源奠定了基础。随着时光的推移，儒学逐渐在中国文化中占据了主导地位，法律制度逐渐被推向了边缘。在这个背景下，法学教育和研究的发展变得缓慢而艰难，甚至受到打压。然而，邓析的思想和教诲仍然像一盏明灯，照亮着法学教育的道路，引导着后世的学者们不断探索和研究法律知识。直到 19 世纪 40 年代以后，随着中西方文化的交流，中国开始借鉴西方的法律制度和文化，开启了"西学东渐"的文化交融与建设。这一过程中，中国的法学教育逐渐发展起来。北洋大学等高校仿效西方，开设了现代化的法学课程，培养出了中国第一批法律人才。这些人才为中国的法治建设奠定了基础，为社会的进步和发展注入了新的力量。然而，由于国内战事频繁、政治混乱、经济低迷等因素的影响，法学教育始终未能呈现兴盛趋势。直到 1949 年中华人民共和国成立，法学教育才在模仿苏联的基础上重新启航。新中国成立之后，多所高校，如中国人民大学、西南政法学院、中南政法学院、北京政法学院、北京大学、西北政法学院等先后进入了中国法学教育的主场，推动了法学教育的快速发展。

受到当时国内国际政治局势的影响，法制建设步伐一度放慢，法学教育更是遭遇了停滞的困境。然而，令人敬佩的是，北京大学、吉林大学、湖北财经学院等高校的法学教育并未被撤销，吉林大学法律系还招收了一部分 1973—1976 级本科生，这些英才在优秀的法学大师和法律精英的指导下，如张文显、信春鹰、崔卓兰等，得到了精心的培养。同时，北京大学法律系在 1973 年吸纳了中国人民大学的法律教师，他们在 1974—1976 年间招收了一百五十名工农兵学员，为法学教育注入了新的活力。从全国整体的情况看，正规的法学教育的复兴和发展是在 1978 年得以实现的。此后，五院四系的格局进一步巩固，犹如明亮的灯塔，照亮了法学教育的发展之路。五院指北京政法学院、西南政法学院、西北政法学院、华东政法学院和中南政法学院，四系是指北京大学、中国人民大学、武汉大学和吉林大学的法律系，后来分别升格为法学院。这些高校在法学领域中的卓越表现，成为了中国法学教育的标杆。

此外，清华大学、上海交通大学、中山大学、浙江大学、厦门大学等高校的法学教育单位也取得了显著的成绩。他们在法学教育的广阔天地中，积极探索，勇于创新，使得法学教育的方式和内容不断更新与改进，为培养更多优秀的法律人才贡献了巨大的力量。

从历史的回顾中可以清楚地看到，作为中国高等教育的一个重要组成部分，法学教育的起始点可以追溯到 1977 年，当时中国开始了正规的高等教育，并在 1978 年 3 月招收了第一批通过高考的学生。此时，法学教育的观念还相对传统、保守和初级。

（三）义理传承观念与 1978—1980 年井喷式人才产出

在 1978 年之前，中国的法律和法治建设一直处于被忽视的状态，然而自 1978 年开始，中国对法律人才的需求开始急增。面对这样的社会需求，一些早期的法学教育机构，如吉林大学、西南政法大学等，敏锐地抓住了机遇，积极响应了社会的迫切需要。这些学校的毕业生们得以顺利进入国家的重要岗位，为中国的法学教育和法制建设作出了不可磨灭的贡献。

1977 年至 1980 年，法学专业学生的大量涌现，实际上代表了 12 年间的积累。他们中的大多数将书本知识与社会实践融会贯通。这些毕业生不仅在课堂上学习了基本的法律理论，而且将所学知识与实际社会经验结合起来，形成了自己独特的见解。他们的成长背景和社会实践经验使得他们能够更加深入地理解法律知识，并将其应用于解决现实问题。

尽管这些毕业生仅在课堂上学到了简单的教义、教条和教本，但他们以极高的热情和勤奋阅读各种法律文献和资料，如饥似渴地汲取知识。并且，其中很多人还具备丰富的社会实践经验，这使得他们能够将书本上的理论与现实实践相结合，从而更有效地运用书本知识来解决现实问题。他们的思维清晰、逻辑严密，推理精确，展现出了极高的专业素养和才华。他们的成功并非偶然，而是他们对知识的渴望和对实践的执着追求的结果。

总的来说，1978 年后的几年间，中国法学教育培养出的大量杰出人才得益于多方面的因素。这些毕业生不仅拥有扎实的法律理论知识，而且能够将所学知识与实践经验相结合，从而更加灵活有效地运用所学知识解决现实问题。这些毕业生为中国法学教育和法制建设作出了重要贡献，也为今后的人才培养提供了宝贵的经验和启示。

法学教育在中国的法学和法治建设中具有至关重要的地位。第一阶段的法学教育为整个法学体系奠定了基石，对于法律术语的形成、法律观念的塑造，以及法律思维的培育都起到了举足轻重的作用。尽管这个阶段的教育可能相对初级，主要集中在记忆和复制粘贴等低级技能上，但它为法学和法治的发展奠定了坚实的基础。如果没有这一阶段的法学教育，中国法学和法治的发展将失去根基，无法实现从无到有、从模糊到清晰、从碎片化到体系化的跨越。因此，我们应该充分认识到第一阶段法学教育的重要性，并为其提供足够的支持和投入，以确保中国法学和法治的持续发展。

三、实践导向格局的显现：学以致用

（一）学以致用观念的内涵

法学教育的关键目标是使学生能够学以致用，将法律知识应用于实际生活中。为了实现这一目标，法学教育者应该更加关注培养学生的实践能力和职业素养，而不仅仅是传授法律知识。通过课程设置和实践实习，学生可以更好地了解法律在实际生活中的应用，并能够灵活运用所学知识解决实际问题。通过这样的法学教育，学生不仅能够掌握法律知识，还能够成为具有独立思考能力和判断力的法律职业者，为社会的法治建设作出贡献。

（二）学以致用观念的基础

法学教育的使命不仅在于传授知识，更在于传承义理观念。如果只掌握了知识而无法有效应用，那么就很容易走向失败。自中华人民共和国成立以来，中国的法学教育和法律职业一直处于相互独立的状态。很多人未经过正规法律教育就担任了法官、检察官、律师等法律职务。但在西方国家，法律教育和法律职业的关系非常紧密。法学教育是从事法律职业的必经之路，法律职业的共同门槛只有具备相同教育背景的人才能跨越。

为了应对这一挑战，部分中国法律院系开始引进美国的实践性法律教育模式。这种教育模式注重培养学生的实践能力和操作能力，与我国现行的法学教育模式有很大的不同。它不仅关注法学原理和法律知识的传授，还注重培养学生的独立思考能力、法律分析能力、法律推理能力等实践技能。

这种实践性法律教育模式具有极高的借鉴价值，它可以帮助中国法学教育更好地适应社会发展的需要，提高法学教育的质量和水平。同时，它也可以促进中国法律职业的发展，提高法律服务的质量和水平。因此，我们应该积极探索和实践这种实践性法律教育模式，为中国法学教育的改革和发展作出更大的贡献。

法学教育应以实践为导向，培养学生具备法律职业能力和法律思维。通过课堂教育和课外活动，学生能够掌握法律知识并能够运用法律工具解决实际问题。职业培训性和学术研究性的二重对立在法学教育中具有重要作用，而实践性法学教育模式具有必然性。在跨国法学教育中，引导学生对法律问题产生自己的见解和认识是至关重要的。霍宪丹认为，应重新界定和建构法学教育的概念，并建立与司法考试制度相适应、相配套的法律职业教育制度和法律职业培训制度。丁国峰提倡以法律职业教育为引导，以培养实践型与复合型人才为目标的教育模式，这与我国法学教育的历史使命和时代任务相符，能高效实现法学教育的价值和目标。因此，应该树立以知识为基础、以能力为目标的教育观念，采用课堂教学与实践教学、模拟教学相结合的方式，致力于培养具有创新精神和实践能力的法律人才。这种教育模式强调法学知识的实际应用，注重培养学生的法律职业能力和综合素质，以满足现代社会对法律人才的需求。

（三）学以致用观念的体现

自 1978 年改革开放以来，我国各大学的法学课程表变化不大，但教学内容和方式发生了深远变革。过去很少有人了解或尝试使用诊所教育和模拟法庭的教学方式，现在这两种方法已广泛运用于法学教育，并成立了专门委员会推动其发展。此外，我们还需要注意到，过去那种仅解释概念和法律条文的单一教学方法已经逐渐被淘汰，现在更多的教师选择分析法律如何被应用到实际案例中，或者深入探讨法律的起源和演变。这种变化不仅反映了法学教育对实践性和理论性的重视，也适应了不断发展和变化的社会的需要。

四、塑造法治理念的探索：慎思明辨

（一）慎思明辨观念的内涵

慎思明辨是法学教育观念的进一步深化和提高。这种观念以法律知识为基础，以法律实践能力为依托，以解决法律问题为目标。教师们开始关注法律规则背后的原理和智慧，引导学生们通过案例分析和实践操作，深入理解和掌握法律规则和法律实践。这种教育观念强调学生们的独立思考和判断能力，培养他们的法律思维和法律素养，使他们成为具备高度责任感和正义感的法律人才。

（二）慎思明辨观念出现的原因

法治精神的培养需要超越机械的知识传授和技能培训，引导人们深刻理解法律的本质和法治的价值。曾经有个案例，当事人因被指控渎职罪，检方要求判处 5 年有期徒刑，但辩护律师认为当事人不具备渎职罪的身份资格；最终法院以另一个罪名判处当事人 10 年有期徒刑。这种情况揭示了一个现实问题，即单纯依靠法律知识和技能不足以引领一个国家走向法治文明。随着我们对法律生活的了解和认识日益加深，我们越来越清醒地认识到，僵化而

7

生硬的知识教育和技能培养无法真正体现法治的精神。知识和逻辑推理能力虽然重要，但也可能误导我们偏离正确的方向，破坏良好的社会秩序，背离法治的轨道。因此，我们需要注重培养法治精神，这是引领国家走向法治文明的关键。

因此，需要超越技术的局限，以更高的智慧水平来选择更合适的科技路线。这需要深入理解人类社会理性的需求，充分考虑政治、经济、文化等各方面的因素，运用科技手段来解决社会问题。只有这样，才能真正理解法治的深层含义，而不是仅停留在其表面层次。

（三）从慎思明辨的观念分析法律实践与法学教育之关系

法学教育绝不仅是简单的经验传授，而应该注重法治理念、法律思想的培育。只有这样，我们才能够培养出具有独立思考能力、有法治信仰的新时代法律人才。这些人才在面对复杂的法律问题时，能够运用法治理念、法律思想去分析、解决问题，从而推动中国法律实践水平的提升。在法学教育与法律实践之间，我们不能忽视实践的基础性作用。实践为法学教育提供了丰富的素材和案例，但仅依靠实践是远远不够的。法学教育者需要在研究过程中对实践进行深入的剖析、提炼，将其上升到理论的高度，形成系统化、模式化的知识体系。同时，他们还需要通过教育和引导，帮助学生掌握批判性思维和独立思考能力，从而更好地应对复杂的法律问题。

更为重要的是，法学教育者应该以法治的理念和思想为指引，对实践进行筛选、梳理和甄别。他们需要关注那些具有普遍性、代表性的案例和实践经验，将其融入教学内容中，帮助学生掌握法律原理、原则和规则。同时，他们还需要引导学生关注现实问题和社会需求，将理论与实践相结合，培养学生的创新能力和解决实际问题的能力。通过这样的教学和培养过程，中国的法律人才水平将得到显著提升，中国的法治文化也将得到进一步发展和完善。这些人才将在各自的领域中发挥积极作用，推动中国的法治建设不断向前发展。那些认为仅凭法律实践本身就有资格和能力指引法学教育的想法是片面的、错误的。如果忽视了人类的理性和智慧、忽视了法治的思想和灵魂，那么很可能会走向法治的下坡路。因此，必须始终坚持法学教育的理论化和思想性，注重培养学生的法治理念和法律思想。只有这样，才能够培养出真正优秀的法律人才，为中国的法治建设贡献力量。

中国法学教育正向多元化方向发展，应重新审视定位、调整完善教育模式，以提高教育质量。多元化人才培养为目标，实施多轨制法学教育制度，构建多类型知识结构和多层次学历、学位体系，采用理论与实践相结合的教学模式。建立法学教育和统一司法考试与法律职业相互促进的教育就业机制，以保障法学教育的正常运行。坚持以中国特色社会主义法治理论为指导，加强法学学科等体系建设，对培养高素质法治人才至关重要，警惕"唯洋"和"唯书"思维的影响。哈佛大学法学院引入"研究性学习"新理念，注重问题解决和创新能力培养，开设三类新课程，为中国法学教育改革与发展提供了参考。实施"卓越法律人才教育培养计划"和"卓越法治人才教育培养计划2.0 版"，巩固完善法学教育实践，提高法律人才培养质量，为法治国家和人类命运共同体建设作出贡献。

法学教育以传授知识为起点，以锻炼技能为重点，以培养智慧为终极目标，这一规律反映了法学教育与法律职业的基本特征。每一个新的教育理念的提出，都代表着中国法学教育的进步和发展，它们都是在继承和发扬前一个理念的基础上，根据时代的需求和社会的变化而形成的。当前，中国法学教育作为高等教育的一个重要组成部分，已经进入了一个新的发展阶段。在这个阶段中，法学教育将更加注重培养学生的综合素质和实际能力，帮助他们更好地适应社会的需求和发展。同时，法学教育也将继续深入贯彻法治中国和国际法治的精神，为中国法治建设和全球法治发展作出更大的贡献。

第二节　法学教育模式

何美欢教授曾指出法学院越办越多，可以得天下之英才而育之，但难培育出大量高端法律人才。高等教育评价专业机构软科于 2022 年 9 月 21 日正式发布了"2022 软科中国最好学科排名",共有 484 所高校的 5 035 个学科上榜,其中,法学学科排名共有 108 所大学上榜。显然,法学学科占比还是相当高的。这是对"中国法学教育最好的时代"的诠释。而另一方面,从《2017 年中国大学生就业报告》到《2020 年中国大学生就业报告》中的数据可以看出,法学专业在本科专业中一直被列为失业量较大,就业率、薪资和就业满意度综合较低的就业红牌专业。因而,在理论层面法学专业得到了蓬勃发展,而在实践层面法学专业毕业的学生却遭遇了就业难、谋生难的困境,这从侧面反映出我国法学教育模式存在着缺陷,而且这种缺陷已经影响到法学学科与法学专业的进一步发展。如何才能走出困境,是每一个法律院校及法律教育者均需要认真思考的问题。本节拟从我国法学教育模式的研究背景出发,在对我国法学教育模式进行反思的基础上,从理论教学与实践教学两个层面提出可能的完善路径。

一、我国法学教育模式的研究背景

随着中国改革开放的不断深入,我国与世界经济的发展越来越密不可分,大量涉外经贸需要法律服务,这对我国的法学教育提出了更高的要求,需要培养一批既能精通国内相关法律知识,又能熟悉国际法律知识,同时具备涉外办理案件技能,了解相关国家政治背景知识,外语能力好的复合型法律人才,而当前我国的法学教育模式难以批量培养出这种优秀的法律人才。

建设"法治中国"的要求对法学教育产生了现实影响。习近平总书记在中央全面依法治国委员会第一次会议上强调,要坚持全面推进科学立法、严格执法、公正司法、全民守法。实现科学立法、严格执法、公正司法、全民守法,离不开一支高素质的法治工作队伍,新时期下,法治人才培养必须以法治建设需求为引领。换言之,法治中国的实现程度与法律人素质的高低有着实质性联系。因此,各院校法学院应当紧紧围绕建设"法治中国"思想,进行新一轮的法学教育改革,创新教学培养模式,培育出国家所需要的适合法治中国发展的法律人才。

当前社会面临着顶尖法律人才稀缺的问题。在党十五大提出依法治国方略后,全国高校在法治人才匮乏、师资力量奇缺、办学条件较差的背景下掀起了开设法学课程高潮,各高校办学质量良莠不齐,间接导致法律人才培养质量不高。然而,面对法律全球化的发展趋势,我国法学教育模式并未实现相应的转变,培养出的法律人不仅在法律观念、法律知识上存在局限,在法律思维、法律技能上也难以适应司法实践的需求。

二、对我国法学教育模式的反思

改革开放以来,我国法学教育从恢复走向繁荣,为我国法治建设培养了大批法律人才,但仍然存在以下问题。

(一)传统法学培养模式的弊端

我国传统的法学培养模式是以法学课程为中心,学术研究和社会实践为辅助。学生的学习重心就是把老师传授的知识和技能一遍又一遍地重复以达到熟练掌握的程度,而被动地学习和接受知识,使学生很难产生创新思维。加之老师注重强调本专业学习的重要性,法学生几乎都在封闭单一的学科体系中学习,无法搭建全方位、系统化、网络化的知识体系。而现实中的法律问题却是纷繁复杂的,各个学科的知识交叉,这也是刚毕业的法学生无法得心应手地处理实践问题的一个重要原因。同时,我国法学教育传统方式为大班教学及"灌输式"的课堂教授。自 1999 年"依法治国"被正式写入《中华人民共和国宪法》,法学专业便成为热门专业之一,法学课程中一两百人大班上课成为常态。为了在短暂的四年时间里,让每一位学生都精通法律,成为合格的法律人,各高校只能采取"灌输式"的教学,即由教师单方备课、全程授课，学生被动听课，学生极少参与或不参与教学活动，导致的结果是学生的思维模式变为"接受－复制"，无法形成"创造－发散"的思维。因而学生们获取的法律知识取决于授课老师自己对课程内容的选择与经验的介绍，片面性和主观性较强，不利于学生构建全面的法律知识体系。

（二）法学理论与司法实践脱节

著名教育家迈耶先生说，"我们应该教授学生如何思考，而不是教授他们思考什么"。在传统的法学教育方式下，学生对相关主流的理论知识有所了解，但无法运用掌握的知识去解决实际问题。

由于法学专业就业率已经多年连续垫底，各大法律高校也已意识到这个问题的严重性，纷纷推出一系列改革方法。但很多国内学者在学习效仿他国经验时，存在只学其表不学其里的现象，例如，增设案例教学、案例研讨课、实务讲座等实践性教学。而这些课程仅可以视为与实践性教学有密切的联系或者说是实践性教学前的培训。真正的实践性教学是指 Learning by Doing，也即"做中学"，体验式学习。因此，上述所谓的实践性教学与真正的实践性教学相差甚远。此外，有的学校开展模拟法庭实践教学，让学生扮演各个角色，但这种教学方式多数都是学生自己组织，缺乏专业老师的指导、规划和反馈，授课老师只负责点评各个同学的表现能力，并不提出一些专业知识的辩护技巧。最为重要的是，当前学校对学生传统理论知识掌握的考核标准依旧是考试成绩。而考试成绩只能反映出学生对于知识的记忆能力，以及是否勤奋学习，并不能完全衡量学生的分析能力、推理能力，从而导致出现学生"读死书、死读书"的现象。过分注重理论知识的传授，不引导学生为未来职业做好准备是当前法学教育理论与实践分离问题最突出的表现之一。

（三）忽略甚至轻视法律职业伦理道德的培养

法律职业伦理是指法律职业活动中应当遵循的伦理道德规范，其是法律职业人从事法律活动，解决法律问题必须遵守的道德规范的总和。孙晓楼先生曾认为，合格的法律人应具备三个条件：一为法律知识；一为社会常识；一为法律道德。法律职业人肩负着公平、公正的使命，尤其法官常常被视为公平正义的代名词。美国法学院在 1931 年已经开设了法律职业伦理教育课程，1974 年全美律师协会要求法学院必须开设法律职业伦理课程。而我国只有少数大学的法学院将法律职业伦理设置为必修课，其他院校要么开设的是相关课程，要么将其视为选修课。可见我国对法律职业伦理教育还不够重视。

（四）缺乏国际化课程和国际交流

第二次世界大战之后，美国法学家逐渐意识到本土主义视野的局限性，开始研究外国实例，加强与外国法学院交流。1994 年，美国纽约大学宣布建立世界第一所全球性法学院的计划，邀请外国法学院教授或者学者进行为期一到六个月的授课，并邀请外国研究生到法学院与教授和学生进行交流，同时欢迎外籍学生入校学习；1995 年，美国法律教育部和国际法与实践部创立了"美国法学院全球化"的项目；1997 年，美国法学院注册的学生中包含了超过 50 多个国家的 225 名外国学生；2009 年，美国大约有 112 所大学开展了海外夏季项目，即美国学生与外国学生一起研究外国法课程。这些措施帮助美国迅速地了解国外的法律制度，有利于培养出大量国际性法律人才。

而我国高校法学院国际交流项目的开设存在以下问题：第一，比例偏低；第二，重视程度不足。可见，我国各高校对于国际交流项目的属性和地位的认知存在明显的不足。

三、我国法学教育模式的完善路径

法律教育的根本任务就在于培养适合社会需要的各级各类法律人才，法学属于应用性社会科学，理论与实践教学应当相辅相成不可偏废其一。因此，针对上述传统法学教育方法产生的问题，应当从理论教学与实践教学两个方面提出相应的完善对策，同时加强与世界各国交流，吸取精华弃其糟粕，为中国培养出更多的一流法律人才。

（一）理论教学

1. 改变培养模式

将传统的培养模式进行以研究为中心，课程和社会实践为辅助的转变。即学生和老师应当关注未知点或者争议点，培养学生的探索与创新能力。上课之前，老师抛出一个争议点或者前沿问题，让学生自己查找和学习相关问题的理论知识，并结合其他学者的观点，加上自己的理解，形成书面报告。上课时，老师针对学生报告反映出的问题进行答疑解惑，并对难以理解的知识点进行讲解。由于实践中法律问题各式各样，老师应当鼓励学生多涉及其他专业的知识，如心理学、哲学专业，定期给出一些参考书目。学校应当根据不同个性的学生制定不同的培养方案。对于沉稳冷静型的学生，可以往学术型人才方面进行培养；对于活泼好动、善于人际交往的学生，则可以向实务型方面培养。

2. 改革教学方法

新的法学教学方法必须改变传统法学重法轻治、有法无治的教学方法，坚持以发现问题、解决问题为出发点和落脚点，优化课程体系。采用理论教学与案例练习相结合的教学方法，方能使学生理解法律规定背后的原因，知其然又知其所以然。按照法律知识特点，将课程划分为技能型课程和理论型课程，带有总结性的知识归结于理论型课程，带有程序性的知识归纳为技能型课程。针对技能型课程，采取案例解析的方式。以案例解析的教学方式具有以下三个优点：第一，有利于培养学生找法条的能力；第二，有利于培养学生掌握对法条如何进行解释和运用的能力；第三，使学生养成独立思考的能力，以及与不同的观点辩论的能力。案例练习课上课前，老师将相关案例发给学生，给学生一周的时间准备，书写一份观点意见稿，上课时予以讨论，讨论完毕后，老师对相关问题进行答疑解惑。由于实践中每个班级大约有100

人，让每一位同学都发表自己的见解，是难以做到的。因此，将班级单元化，细分为 10 人一组，课前组内成员进行讨论，将各自观点进行整合，在上大课的时候，派小组代表阐述意见。针对理论型课程，老师每讲授完一个阶段或单元性知识点后，老师应当给定一个主题让学生进行学术性研究，并以论文的形式阐述自己的观点。课上老师对学生提交的论文进行点评，提出修改意见，并督促学生发表文章。一旦文章发表，将对学生产生极大的激励作用。

3. 培养并弘扬法律职业伦理

目前，开设职业伦理课程的院校基本上都是通过课堂讲授传递知识，但这种抽象的理念通过简单的讲解、背诵难以达到预期的效果。古人云，以吏为师，表明官员的行为具有榜样的作用。首先，法学院应当邀请一些优秀的法官或者检察官进入课堂，让他们担任主讲人，通过叙述他们办案的经历让学生深刻体会法律人的职业操守；其次，每学期组织学生参观现场的庭审活动，观看法官如何断案，律师如何维护当事人的合法利益，使学生真正理解法律职业伦理内涵；再次，学校的导师应当严于律己、言传身教，为学生树立榜样。

（二）实践教学

实践教育是法学教育必不可少的一部分，其有助于学生总结经验、吸取教训，强化对理论知识的理解，同时还能培养学生的沟通能力及实践操作能力。最为重要的是，学生可以在实践中亲身体会法律职业伦理和社会责任的重要性。

1. 完善校外实习

为了更好地发挥校外实习的作用，要做到以下三点：第一，明确校外实习的培养目标，即锻炼学生的职业技能和培养学生的社会责任感；第二，实习岗位应与教学目标相一致，学校应与实习单位协商，让其提供与法律适用直接相关的岗位，如法官助理岗位；第三，鼓励并动员学生积极参与实习活动。实习之前，明确告知学生将从事什么岗位，让其做好前期准备。实习期间，让学生每天写一篇实习日志，总结并反思自己的不足。同时，实习单位的指导老师应当时刻关注学生的表现，并定期向学校反馈相关具体情况。

2. 积极参加模拟法庭辩论竞赛

模拟法庭辩论竞赛有利于激发学生的学习兴趣，可以提高学生解决问题的能力，以及如何利用事实证据来阐述自己的观点。第一，安排专门的老师予以指导。由于学生的实务经验不足，对于一些经验性的知识把握不到位，如果任由学生自己摸索练习，可能会使其养成或保留错误的习惯。第二，学校注重培养学生参加模拟法庭竞赛具备的技能。在低年级的时候，学校要培养学生的案例分析能力、文献搜集能力、法条解释能力。如果班级人数过多的话，可以采取传帮带的方法，10 人为一组，由参加过辩论竞赛的高年级学长学姐带领，传授一些经验和方法。第三，邀请一些优秀的律师或者检察官予以指导，让学生更加懂得如何利用理论知识阐述观点。

3. 培养具有国际视野的法律人

在理论教学上，第一，可以定期邀请一些从事全球法律服务的知名专家或律师担任访问学者给学生上课，使学生直观地了解国际形势变化；第二，开设域外法律文化专业课程，让学生了解他国法律文化；第三，积极谋求与全球顶尖法律院校进行合作，聘请学者定期远程视频给学生上课，让学生体验外国的教育模式，增强学生学习的动力。

在实践教学上，应当着重加强国际交流。第一，学校可以通过相应的竞争机制选拔一批优秀的学生作为交换生。第二，积极谋求与国际性组织合作，派遣学生去实习。中国人民大学法学院在新一轮教育改革中，为了培养具有国际视野的法律人才，积极谋求与联合国组织、欧洲人权法院等国际性组织合作，组织学生前往实习；通过远程视频课程，与哈佛大学法学院开展同上一节课活动；聘请外籍教授上课，互派留学生等措施。

法律全球化及法治中国化推动着法学教育进行改革。各个高校法学院应突破传统的法学教育模式，以研究为中心、课程和社会实践为辅助的新型培养模式为载体，培养学生的自主学习与创新能力。以国际化人才标准为目标，优化课程结构、改变教学方法、完善校外实习，鼓励学生积极参加模拟法庭辩论竞赛，同时鼓励优秀的学生到国际组织实习；以培养法律职业伦理道德为核心，促使法学生养成恪守职业道德，遵守法律，严于律己等观念。

第三节　法学教育理念

全球化对法律生活产生了深刻的影响，推动了法律架构的重塑，也显性影响了法学教育的发展，进一步推动了法学教育的全球化趋势。中国法学教育在全球化背景下不断改进，确立新型教育理念，体现制度价值。探讨理念转换、生命力、正当性和更可欲的理念。目前，新理念已初具雏形，但旧理念仍有影响。全球化背景下，法学教育需摆脱旧理念束缚，实现新理念的指引和使命。

一、教育自治：法学教育理念转换的根本出路

在高等教育领域，教育自治具有非常重要的地位，对高等教育的发展起着至关重要的作用。从法学教育的角度来看，中国的法学教育已经取得了显著的成就，但在法律教育快速增长的背景下，也暴露出许多问题，其中最主要的问题是缺乏教育自治。目前，中国的教育缺乏自治色彩，教育被视为意识形态的阵地，教学内容和方式都由国家控制。大学缺乏教育自治时，可能变成主管部门的附属单位，甚至牺牲品，出现滥发文凭、盲目合并等现象。这些现象与大学精神相悖。全球化背景下，大学需要重新找回教育自治精神，本质是实现教育市场化，将学校定位于市场，成为教育市场的经营者，根据市场需求调整教育体系。在教育自治理念下，大学独立于主管部门，拥有完

全自主权，各院系根据自身专业特点制订教学计划等。

教育自治是培养高级人才（包括法律人才）的关键基础。从全球范围内一些发达国家的著名大学的办学经验来看，教育自治的内涵主要表现在两个方面。第一，从外部来说，教育自治的核心内容是大学在教育管理和决策等方面独立于其他外部力量，如政府、政党或社会势力。例如，在日本，国立和公立大学的校长都是由教职员直接选举产生的，政府、政党或其他社会势力均不能干涉。此外，日本大学的教育自治还涵盖了以下方面：大学在有关研究和教育运营管理方面具有自主决定权；无论国立还是公立大学，有关教师或研究人员的人身权应完全由学校自行行使；关于大学内的秩序，除紧急不得已的情况外，只能由学校当局负责维持，政府或警察不得介入。

第二，教育自治以教授治院系为核心，如日本大学教授会处理学院内重要事项，美国大学自治程度高，哈佛大学校长曾指出美国大学特点之一是享有不受政府控制的自由。美国大学内部也实行教授治院系原则。教授协会（AAUP）享有充分学术自由并具有发言权。教育自治不脱离政府管理，政府对大学进行监管指导，确保大学履行职责并维护公共利益。大学需要与社会各界保持密切联系，服务社会发展和进步。

教育自治作为法学教育改革中的一环，扮演着举足轻重的角色。为了实现教育自治，需要从多个方面进行深入的探讨。从外部关系来看，大学必须与政府及其他社会力量建立并保持良好的关系。作为独立自主的实体，大学需要摆脱对政府或其他社会力量的依赖，真正实现"当家作主"。对于政府而言，应该减少对教育的干预，将学校推向市场，让学校根据市场需求自主调整教育体系。这种自主权的赋予将为大学提供更多的发展空间和机会，促进教育的多样化和个性化。而就内部关系而言，我们可以借鉴日本和美国等发达国家的经验，实行教授治院系的原则。虽然我国大学各院系都设有"学术委员会"等类似教授会的机构，但成员组成和功能上存在一定的缺陷。在组成上，学术委员会并不是由全体教师组成，而是由部分正教授组成，无法体现民主；在功能上，学术委员会主要负责职称评定和各种评奖活动，对涉及人事、教学管理等重大事项没有决定权。为了解决这些问题，我们建议我国大学内部的"学术委员会"在成员组成上应包括全体教师（教授、副教授、讲师及助教），并逐步实现这一目标。同时，学术委员会的功能应扩大到包括人事、课程的开设等重大事项。这些措施将有助于提高学术水平和教学质量，促进学科建设和人才培养。通过这些措施，我们可以更好地实现教育自治，提高法学教育的质量和水平。这将使我们的法学教育更加符合时代的要求，培养出更多具有创新精神和实践能力的高素质法律人才。否则，像日本的教授会或美国的教授协会那样的学术委员会只能是"新瓶装旧酒"，教授治院系的原则也只能是可望而不可及的目标。通过这些措施的改革与实践，我国大学内部管理体制才能实现真正的转变，以适应新时代的挑战和要求。

二、法学院功能的重新认识

在深入探讨法学院的功能之前，我们有必要先考察一下"法学院"这个词语在不同法系背景下的不同表述。在欧洲大陆法系国家，我们很少看到"Law School"这个词汇，而更多的是"College of Law""Academy of Law""Institute of Law"或者"Department of Law""Faculty of Law"等表述。在英美法系国家，法学院都被习惯性地称为"Law School"，而其他国家则根据不同的传统和认知，使用不同的名称来称呼这一机构。这种表达上的差异并非偶然，它反映了这些国家对法学院的角色和功能的理解。在英美法系国家，"Law School"不仅代表了法律教育的专业性和学术性，也体现了其与现实社会的紧密联系，以及对法律实践的重视。"School"一词，在《英汉辞海》中，作为名词，它代表着有组织的教育和训练场所，或是教授某一项或一些专门技术的学校，再或是传授知识和技能的场所。而作为动词，它的含义丰富多样，涵盖了在学校中进行教育或提供教育，以及在特定知识、观念或技能方面给予培养或训练，还有教育、培训、训练、培育等含义。深入解读"Law

School"这个词组，它实际上凸显了美国法律文化对法学院的功能定位。在这个体系中，法学院以传授法律操作技能为主，而法学（法律）的学术研究则处于次要位置。需要强调的是，尽管美国法学院的功能定位偏向于职业教育，但并没有忽视法律理论教学和创新。事实上，其职业教育目标是建立在学术文化基础之上的。许多全球著名的法学家，如霍姆斯、庞德、卢埃林、卡窦佐、波斯纳等，都受益于美国"Law School"的法律文化土壤。在法学院，学生们不仅能够学到实用的法律操作技能，还能在深厚的学术氛围中接受严格的法学理论训练。在这里，他们可以探索法律的深奥之处，培养独立思考和解决问题的能力，为未来的职业生涯打下坚实的基础。这种独特的法律教育模式使得美国法学院成为全球法律人才的培养基地，吸引了来自世界各地的优秀学子前来求学。综上所述，不同法系背景下的法学院功能定位存在差异，但这并不影响其核心功能——培养法律人才并推动法学的发展。

我国法学院的教育定位，深陷于素质教育与职业教育的双重纠结之中。在一方面，素质教育宛如照亮前行道路的明灯，照亮我们迈向卓越的道路。它重视培养学生的综合能力，包括专业能力、人文素质、科技素质、身体素质、动手能力等，使我们具备获取新知识、形成能力的基础。对于法学专业的学生来说，还包括文才、口才、辩才等素质的培养，使我们在未来的职业生涯中能够游刃有余。然而，我国教育传统中的应试倾向，却像一道无形的枷锁，束缚住了素质教育的推广。在另一方面，以美国为代表的职业教育模式，在法学教育领域大放异彩。在美国，法学教育是在其他专业获得学位的本科生中进行的本科后教育，实质上是一种职业教育。然而，我国的法学院学生是直接从高中生中录取的，高考成绩作为唯一的选拔标准，使我们的法学教育仍主要停留在理论分析和法律诠释层面。与实际司法实践的要求相比，我们还有很长的路要走。综上所述，我国法学院在素质教育和职业教育之间需要寻找一个平衡点。虽然素质教育更符合现代教育理念，但在我国的教育体制中推广素质教育仍任重道远。另一方面，职业导向的法学教育模式并不完全适用于我国的情况。面对这样的困境，我国法学院需要在素质教育和职业教育之间寻找适当的平衡点，以满足社会对法律人才的需求。

当全球化席卷我们的时代，成为无法忽视的重要议题时（尤其是在中国加入 WTO 后，全球化的论题显得尤为突出），我们无法回避法学院在法学教育中的角色与定位问题。换句话说，法学教育应该如何进行自我定位是一个重要的问题。全球化时代的支配是结构性和决定性的，它依赖于由发达社会构建并被认为更有效或更具正当性的制度安排。不论中国是否愿意接受和认同这些既有的制度安排，只要中国承认并接受它们，它们就会对中国产生支配作用。因此，中国的法学教育需要作出相应的回应，以适应全球化和现代化时代的要求。

在第三届中外校长论坛中，教育部正计划调整大学专业目录，一些现有的本科专业可能将在 2007 年、2008 年停止设置。来自北京师范大学、厦门大学等学校的校长纷纷建议本科应取消管理、法律等专业。这个建议传达了一个明确的信号：法学本科专业将成为历史，法学院的生源将不再来自高中生，而是像美国那样，进入法学院的学生必须是获得其他专业学位的本科生，法学院 3 年毕业后获得法律博士（Juris Doctor）学位（相当于中国现在的法学本科）。不难看出，法学院将转变为以职业教育为导向的场所（相当于美国的"Law School"），更重要的是，目前，我国法学院已经招收法律硕士（来自非法律专业的本科生），这一事实已经验证了法学院职业教育倾向的存在。这种转变不仅符合全球化背景下的发展趋势，也符合我国法学教育的实际情况，有助于提高我国法学教育的整体水平和社会影响力。

三、评价机制的完善：法学教育理念转换的关键

法学教育培养全球化时代法律人才的关键在于完善学生评价机制，这不仅是对传统法学教育理念的挑战，也是实现全球化时代法律人才培养目标的重要手段。以下从两个方面论述。

（一）评价主体

评价权的归属决定评价主体，影响评价权力。权力具有实现个人意志的可能性，不依赖基础。孟德斯鸠提出"三权分立"理论，主张分散权力，避免权力垄断和滥用。在我国高校评价机制中，评价权被赋予各院系，导致学生评价权被垄断。实习单位评价权也被转租给法学院，使实习过程形式化。权力垄断导致权力滥用，需要改革评价机制，确保公正、公平和透明。这让人不禁想起孟德斯鸠所说的话："绝对的权力导致绝对的腐败。"因此，我们需要对这种评价机制进行改革，确保评价权的公正、公平和透明。法学院在评价过程中会权衡利益，将学生视为"合格产品"推向市场。但单一评价主体导致评价结果只反映理论水平，无法体现实际能力。职业能力评价在法学院仍是空白。

为了解决这个问题，需要打破现有的单一评价模式，引入更多元化的评价主体，包括学生自己、同学、教师、实习单位等，来实现更为全面、客观的评价。同时，还需要重视并加强对学生实际能力的培养，提高他们的职业能力水平。只有这样，才能真正培养出既有理论知识又有实际能力的优秀法律人才。

学校只能对学生的法学知识进行评价，而无法对他们的司法知识进行评价。而社会正好弥补了学校在评价能力方面的不足，它可以对学生的司法知识进行评价。当我们在人生的道路上砥砺前行，面对着各种挑战和困难时，需要社会对我们的能力和表现进行评价。在这个过程中，我们可以不断学习、成长和进步，让自己更加适应这个快速变化的社会。同时，我们也可以通过这种评价机制，更好地了解自己的优势和不足之处，从而更好地规划自己的人生道路。因此，应该重视社会评价机制的作用，让它成为成长道路上的重要指引。同时，也应该积极参与到社会评价中来，通过自己的努力和实践，不断提升自己的能力和价值。只有这样，才能在人生的道路上走得更加坚定、自信且有力。

（二）评价标准

在高校法学教育的评价机制中，评价主体与评价标准如影随形，共同塑造着法学人才的培养品质。当前，对于法科学生的评价标准，有两个显著的特点。第一，评价标准过于抽象，倾向于依赖一些笼统的概念作为评价依据，例如，学生是否熟背了法条法规，是否全面掌握了法律规范等，却忽视了对于学生司法实践水平的衡量标准。这一现象表明，我们需要更加关注基层法律人才的培养和引进，以更好地满足广大农村地区对法律服务的需求。

第二，现在学生的文凭和实际能力常常不匹配。有时候，他们拿到文凭，但遇到实际问题时，就不知道该怎么办了。法学人才现在很紧缺，社会需要高级法律人才和基层法律人才。在现代社会中，经济学家在处理各种经济问题时发挥着越来越重要的作用。他们运用专业的知识和技能，为政府、企业和社会提供决策依据和建议。然而，相比之下，法律学家的身影在处理问题时却显得较为稀少，这使得他们在解决实际问题时，难以发挥应有的作用。最高人民法院的一些判决经常涉及经济问题，而这些判决往往会引起广泛的争议。这不仅反映了法律与经济之间的复杂关系，也揭示了法律界在处理经济问题时的挑战。近年来，一些司法改革措施的实施也引发了一些问题。有些改革措施没有真正落实到位，导致了一些不公正的现象出现。这使得人们对法律界的信任度有所下降，也进一步凸显了法律人才在处理实际问题时的不足。现在的法律人才更倾向于扮演社会活动家和改革推动者的角色。他们往往更注重宣传和推动法律改革，而不是真正处理实际问题。这使得他们在解决问题时往往发挥不了应有的作用，无法为政府、企业和社会提供有效的帮助和支持。

在单一化评价体系的作用下，法学被视为一个自给自足的领域。然而，政治、社会、经济等知识的逐渐从法学领域中剥离出去，导致学生知识结构变得狭窄。对此，一些法学家已经开始对法学所声称的自主性产生怀疑。正如他们所指出的，如果一个人仅是一个掌握法律条文和审判程序的法律工匠，而缺乏经济学与社会学的知识，那么他很可能会成为社会的公敌。布兰代斯法官曾经明确指出："一个法律工作者如果不研究经济学与社会学，那么他就极易成为一个社会公敌。"同样地，生活在19世纪初期的费城律师戴维·保罗·布朗也曾说过："一个只懂法律的人，只是一个十足的傻汉而已。"这些话语都表达了同样的意思——法学教育应当拓宽视野，让学生全面发展，更好地适应社会的需要。

具体来说，就是要把原来那种很抽象、很单一的评价标准，变成更具体、更多元的评价标准。当然，这种转变不是一下子就能做到的，得慢慢来。所以，在全球化的进程中，法学教育理念的转变任重而道远。

第二章

法学教育的价值

第一节　法学教育的基础性价值

知识与以高校为依托的近代高等教育有着唇齿相依的紧密关系。从某种程度上说，高等教育中的教育教学活动都是以知识为基础，沿着知识的传授、整合与创新的轨迹向前发展。法学教育是高等教育的一个分支系统，它的产生和发展也一直以知识为轴心。

一、知识在法学教育中的属性与效用

（一）知识在教育中的属性

美国教育家克拉克认为，知识是高等教育系统中的重要要素，科研创造知识，学术工作保存、提炼和完善知识，教学和服务传播知识。自高等教育产生以来，处理各门高深知识一直是其主要任务。

法学教育在高等教育中占据着举足轻重的地位，其核心在于知识的传授与学习。在这个过程中，教育者、受教育者和教育资料三者相互关联，共同构成了法学教育的基石。

在现代交往哲学的视角下，知识被赋予了新的属性。它不再仅仅是一种客观的存在，而是成为教育者和受教育者之间互动和沟通的桥梁。这种交往

不仅局限于知识的传递，更包含了情感、态度和价值观的交流，使得教育者和受教育者在互动中实现共同成长。在法学教育中，教育者的角色不仅是知识的传递者，更是引导者和启发者。他们通过与学生的交往实践，引导学生探索法律知识，培养他们的法律思维和解决问题的能力。这种交往实践不仅有助于学生掌握法律知识，更有助于他们形成正确的法律观念和价值观。同时，法学教育也注重实践性和创新性。通过模拟法庭、法律诊所等实践教学环节，学生能够将理论知识应用于实际情境，提高解决法律问题的能力。这种实践教学不仅是对理论知识的巩固和扩展，更是对学生创新思维和实践能力的锻炼和提升。因此，法学教育不仅是对知识的传授，更是对人性的培养和对精神的塑造。通过教育者的引导和受教育者的努力，我们能够培养出具有高尚品德、深厚知识和创新精神的新一代法学人才，为社会的进步和发展作出贡献。

作为连接主体交往的重要教育资料，知识在法学教育中扮演着不可或缺的角色。它不仅承载着传承人类文明的重任，更在培养法律人才、塑造法治观念等方面发挥着关键作用。法学教育正是通过知识这一纽带，将教师与学生紧密地联系在一起，共同探索法律世界的奥秘，激发人们对公平与正义的追求。在这个过程中，知识的价值不仅在于其丰富的内容和深邃的思想，更在于其启迪心智、塑造人格的力量。法学教育通过系统地传授知识，帮助学生们树立正确的法律观念，培养其独立思考和解决问题的能力。而这些恰恰是法学教育的核心目标所在，因为只有拥有扎实的法律知识基础和出色的法律素养，才能更好地服务于社会的法治建设。总之，知识在法学教育中占据着举足轻重的地位。正是通过知识的传授与交流，法学教育才得以实现其培养法律人才、推动法治进步的重要使命。让我们共同致力于提高法学教育的质量，为培养更多优秀的法律人才贡献力量，不可或缺。

知识在法学教育中的构成性地位主要表现在以下三个方面。

第一，法学教育的教学活动以知识传授为内容。培养人才是现代大学的首要职能。实现这一职能的重要手段便是教学活动。教学活动即教授和学习的双向活动过程，主要以人类的间接经验——知识为内容展开的。无论是大陆法系的理论讲授，还是英美法系的案例教学，在教师和学生之间进行交流、传递的都是知识。只不过大陆法系偏重理论性知识，英美法系偏重实践知识。

第二，法学教育的科研活动以发展、创造知识为目的。在当代，大学承载着发展科学的职能。自 19 世纪科学研究的理念进入大学以来，随着科学研究成果向全社会的渗透，大学科研的规模和研究范围的日益扩大，科学研究已经成为当代大学的重要职能。大学已经成为满足社会知识需要的"知识工业"的重地，在未来的知识经济时代，社会的主要资源——知识必然来自大学。法学教育作为高等教育的一种形态，其所承载的科研职能也倍加显著，校际合作、学校与国家机关、社会科研机构合作，承担国家、省部级科研项目，完成一些重大理论与实践研究课题是我国法学教育实现科研职能的主要形式。完成这些课题的实质性条件在于创新，在于创造性地解决理论与实践问题，归根结底在于实现了知识的发展与更新。

第三，法学教育的社会服务职能，实质上是对知识的应用。自 20 世纪 50 年代以来，为社会服务已成为世界高等教育发展的一大潮流。社会学学者贝尔曾指出，美国的大学已经变成社会上举足轻重的制度，它不仅肩负着培养人才的使命，更是政策咨询的重要来源。这一发展不仅加强了大学的责任，也提高了其在社会中的地位。目前，法学教育的社会服务职能也日益凸显。法学教育服务的对象囊括了企业、事业、国家机关以至个人。为国家机关提供政策与立法咨询、为企事业单位和个人提供各种法律服务是当代法学教育服务社会的主要表现。法学教育所提供的各种社会服务实质上就是在应用知识解决复杂的社会法律问题。大学以独特的方式，将精深的专门知识融入其杰作——学生身上，为社会不断输送着知识的种子，培养出一代又一代的知识传承者、创新者和贡献者。

（二）知识的效用

法学教育借助知识的力量，展现其独特的魅力。这是因为知识本身所具有实用价值，要探索知识的实用价值，首先需要深入理解知识的内涵。那么，知识是什么？根据波普尔的观点，知识是人类自主构建的、独立于人类主体与自然客体的"第三世界"，是人类对世界理解的形式化的对象。它承载着人类对世界进行解读的方式、路径与结果。从知识的这三个意义层面来看，知识在法律人的教育中具有多种可能的作用。

第一，知识作为符号性的体系结构，可以培养法律人的思维能力和判断力。法律知识是由概念、原则、规则等组成的符号系统，通过学习和掌握这些知识，法律人能够理解和解释社会现象，并运用法律思维和逻辑推理来解决实际问题。此外，知识作为经验表达，可以提高法律人的实践能力和应变能力。法律知识是基于人类长期探索世界与自我而逻辑地积累起来的经验表达，它蕴含着人类对世界进行理解的方式和路径。通过学习和掌握这些知识，法律人可以更好地理解和应对现实生活中的法律问题，提高实践能力和应变能力。

第二，知识作为意义凝固的对象化、形式化的理解方式，可以培养法律人的价值观和职业操守。法律知识是人类对世界理解的对象化、形式化的意义凝固，它代表着人类对公正、平等、自由等价值的追求。通过学习和掌握这些知识，法律人可以更好地理解和坚守法律职业的价值观和职业操守，提高自身的素质和能力。所以，知识的效用表现在多个方面，对于法律人教育来说具有重要的意义。通过学习和掌握法律知识，法律人可以培养思维能力、实践能力、职业操守等多个方面的素质和能力，从而更好地履行自己的职责和使命。

第三，通过对知识的理解，学生能够获得关于法与社会和法律人的意义框架。在哲学上，根据海德格尔的阐释学理论，理解是人类的基本生存方式，而非传统的意识活动。人的理解赋予了世界、社会和自我意义，丰富的理解可以带来更多的可能性，使人的存在更加完整和健全。而理解的前结构决定了理解的指向和深度，包括前有、前见和前设三个层面。前有是人存在的背景和基础，包括文化、社会、观念、物质等各方面的因素，构成了人解释和获得意义的总框架。前见是人在解释时选择特定的角度并加以规定，通过概念性掌握意义的过程。前设有特定的观念和原理，对客体进行解释和建构。法学教育所授受的知识不仅使学生获得谋生的技能，更重要的是理解法律之于社会的意义和作为法律人自身的价值。通过对知识的学习和理解，学生可以更好地理解法律的意义和价值，从而更好地服务于社会。

如何将法律世界意义的知识植入法科学生的前结构中，为他们提供完整、全面的视角来理解社会与人生，提升学生的道德修养和人格魅力，是问题的关键所在。首先，法学教育应该注重培养学生的法律思维。法律思维是一种特殊的思维方式，它要求人们从法律的角度出发，运用法律方法来分析和解决问题。法律方法主要包括法律解释、法律推理、法律论证等方面。通过学习和训练，学生可以逐渐掌握这种思维方式和方法，从而更好地理解和应用法律。其次，法学教育应该注重培养学生的法律情感和社会责任感。法律情感是指人们对法律的认同感和敬畏感。通过法学教育，学生应该能够深刻认识到法律的庄严性和权威性，从而对法律产生敬畏之心。同时，学生也应该意识到自己作为一名法律人应该承担的社会责任和义务，从而更加积极地参与到社会事务中来。最后，法学教育应该注重培养学生的综合素质和实践能力。除了专业知识外，学生还需要具备广泛的学科知识和良好的沟通能力、表达能力、团队合作能力等实践能力。通过实践课程和实习等方式，学生可以获得更多的实践经验和实践能力，从而更好地适应未来的职业要求和社会需求。

所以，法学教育应该注重培养学生的法律思维、法律情感、社会责任感、综合素质实践能力等多方面的能力。只有这样才能够培养出更加优秀的法律人才，为社会的发展和进步作出更大的贡献。

第四，知识的传播对于建立法治信仰至关重要，尤其是法律知识的传播。知识是社会发展和历史积淀的产物，受到社会历史背景的影响。教育在传授知识的同时，更注重培养品质和能力。对于法学教育而言，法律知识是维护社会秩序、保障权益的重要工具，它反映了社会秩序和原则。通过传播法律知识，学生能够树立对法律的尊重和信仰，成为法治社会前行的指引。通过对知识的效用分析，我们看到，在法学教育对法律人素养价值的实现过程中，知识传授是不可或缺的。知识传授在这个过程中扮演着不可或缺的角色，也可以说，知识的传授是法学教育功能发挥的基本途径，更是法学教育的基础性价值所在。法学教育不仅有助于培养法律精英，更重要的是它对于实现法律的公平、正义等价值观有着至关重要的作用。法学教育的使命在于传授知识，而知识的价值在于指导实践，为法律人在实际工作中提供理论支持。通过知识的传授，培养了法律人的思维能力、分析问题和解决问题的能力，使法律人能够更好地服务于社会。此外，法学教育还强调职业道德的培养，使法律人在职业生涯中能够更好地履行职责，维护法律的尊严和公正。因此，法学教育的价值不仅在于传授知识，更在于培养具有正义感、使命感和责任感的法律人。在法学教育的道路上，我们应不断努力，为培养更多的优秀法律人才而奋斗。

二、知识的种类及其在法律人培育中的地位

（一）知识的种类

自古以来，人们对知识的分类一直展现出多学科、多角度、多结论的鲜明特点。本书则更加专注于探讨作为法学教育资料的那些知识的分类。这种分类方式不仅条理清晰，而且逻辑严密，能够为读者提供精确推理的知识服务。

1. 专业知识与非专业知识

以知识的内容为划分标准,法学教育中的资料知识可分为专业知识和非专业知识。专业知识主要涉及法律专业的知识体系,是法学教育的核心内容;而非专业知识则涵盖了除法律专业以外的其他学科知识,为法学教育提供更广阔的视野。这两种知识相互补充,使法学教育更加完整和丰富。

2. 方法知识与规范知识

以知识的核心属性为划分标准,可以将法律知识划分为方法知识和规范知识。方法知识是法律基本理论与方法的知识整体;而规范知识则涵盖了实在法或实在法规的全面知识。

3. 国内法知识与非国内法知识

以知识所属的国别为标准,根据法律知识的地域特征,可以将知识划分为国内法知识和国际法知识。国内法知识主要是指某个主权国家对国内法律现象的全面认知,它构成了该国法律体系的主要部分。而国际法知识则涵盖了外国法知识和全球性法律知识,这些知识涉及不同国家和地区的法律制度,对于我们了解和解决国际法律问题至关重要。

4. 事实知识与价值知识

以知识对学生素养的影响为标准,根据知识对学生素养影响的领域,我们可以将法律知识分为两类:事实知识与价值知识。事实知识主要有助于提高学生的法律认知水平,让他们更好地理解和应用法律;而价值知识则重在培养学生的个人素养和道德观念,让他们了解法律的价值和意义,从而更好地融入社会。这两种知识相互补充,共同构成了学生法律素养的重要基础。

（二）不同种类知识在法律人培育中的作用

为学生提供适当的知识构建，帮助他们以全面、完整的视角理解法律和职业意义，是至关重要的。

1. 专业知识与非专业知识

法学教育活动中，专业知识的重要性不言而喻。它不仅是法学教育的核心内容，更是培养合格法律人才的基础。法学教育作为高等教育的重要组成部分，其专业性特点突出，而专业知识则是其专业性的重要体现。法学教育旨在培养具备法律知识、法律思维和法律信仰的法律人才，而这些都离不开专业知识的传授和掌握。在法学教育中，课程设置也是以专业知识为主导，无论是法学理论课程还是实践操作课程，都强调学生对专业知识的掌握和应用。此外，为了提高学生的法律思维和法律实践能力，法学教育还注重实践课程的教学，而这些课程也是以专业知识为基础的。通过以上分析可以得出，专业知识在法学教育中占据着举足轻重的地位。它是法学教育的基础和核心，也是培养合格法律人才的必备条件。因此，在法学教育中，应该始终将专业知识置于首位，注重学生对专业知识的掌握和应用，以提高法学教育的质量和水平。这些课程设置不仅强调法学知识的理论学习，还注重培养学生的法律实践能力，从而确保法学专业的学生能够在未来的职业生涯中发挥最大的潜力。

法学教育中，非专业知识通常指的是与法学相关的其他学科和人文科学知识，它们在法学教育中也扮演着重要的角色。这些知识之所以能够成为法学教育的教育资料，是因为它们具有特殊的目的性和法学学科发展的规律性。通过这些知识的辅助，能够更好地培养出全面发展的法律人才，为社会公正和谐作出贡献。这些非专业知识不仅拓宽了法律人的视野，增强了其综合素质，而且让其能够更好地应对现实问题，为社会的公正与和谐贡献力量。

首先，法学教育的使命在于培养肩负道义、铁肩担道的法律职业者，他们如同社会医生，致力于解决社会争议，平衡利益冲突，追寻社会正义。博登海默曾将他们比作维护社会有机体健康的医生，形象地描绘出这个职业在社会发展中的重要地位。这些社会医生不仅需要具备专业的法律知识，还需要拥有广博的文化素养，因为法律作为社会的调整器，已经渗透到社会生活的各个角落。面对大量具有交叉学科性质的问题，需要具备跨学科的思维和解决问题的能力，而不仅仅依赖法律知识。因此，法学教育应当注重培养学生的综合素质和创新能力，以及跨学科的思维能力和解决问题的能力。同时，法学教育也应注重实践能力的培养，使学生能够将理论知识应用到实践中，提高解决实际问题的能力。

法律知识需要从其他学科中汲取营养，它需要借助其他学科的知识来不断发展和完善，如早期的哲学、政治学、伦理学等，近几十年经济学、阐释学、人类学、文学批评等学科也对法律思考产生了重要推动作用。法学曾是哲学的一个分支学科，受哲学影响很大。政治学与法学曾长期结合，之后虽独立为两门学科，但二者关系密切。法律与道德关系是法学与伦理学的连接点。近几十年来，在经济学、阐释学、社会学的渗透下，出现了经济分析法学派、批判法学派、社会法学派等新法学派。在科技影响下，统计学、心理学、社会生物学的知识也大步侵入传统的法学领域。

综上所述，法学教育需要培养的人才需要具备专业的法律知识和广博的文化素养，并且能够不断从其他相关学科中汲取营养。只有这样才能够更好地适应社会的需要并推动法学研究的不断深入和发展。在法学教育中，重视其他相关学科知识的教学，特别是人文学科知识的传授，具有重要意义。法学教育需要关注法律专业知识与其他领域知识的教育关系，以便培养出全面素养一流的法律人才。历史长河中，众多杰出的法学家都曾深入探索过这个课题，留下了独到而精辟的论述，为法学教育的发展提供了宝贵的启示。这些法学家们的智慧与洞见，如同明灯照亮了法学教育前进的道路，使得法学教育在历史的长河中得以不断发展、壮大。

2. 规范知识与方法知识

有人对规范知识与方法知识进行了形象比喻：规范知识像一棵不断生长的树，新树枝又生出新的嫩枝，代表着知识的不断更新和发展；而方法知识则像一条河流，流向无常，意味着知识的流动性和灵活性。规范知识具有规则结构的特征，像坚硬的水晶般结构，需要按照一定的顺序进行解释和理解，新的研究成果在整体知识体系中占据一定的位置。而方法知识则更像是柔软的蜂窝状结构，没有明确的框架和界限，是由许多观念和思想相互关联、相互渗透构成的。这两类知识的不同特征在法学教育中有着不同的地位和作用。规范性知识是法学教育的基础和核心，是构成法律大厦的具体材料，需要不断深入学习和研究。而方法知识则是法学教育中更高层次的知识，它指导和引领着规范性知识的学习和应用，是构建法律大厦的结构原理和设计图。

第一，规范知识作为法学领域的基石，承载着培养法律人才和推动法治社会建设的重任。以其独特的逻辑结构和精确的解释力，为学生提供了深入探索国家法律体系的平台。随着社会的不断进步和法治的持续发展，规范知识在法学教育中的地位日益突出。以日本京都大学法学院为例，法学专业科目中设有高达 80 学分的规范知识，彰显了其在法学教育中的核心地位。这些规范知识为学生提供了深入了解法律制度的窗口，使他们能够从宏观角度掌握现行法律制度的构成、特点和改进方向。通过学习规范知识，可以培养学生对法律问题的敏锐感知和准确分析能力。规范知识的掌握有助于学生理解法律规则和原则，并运用这些知识解决实际问题。这种能力如同罗盘，引领学生在司法机关、律师事务所、企业或其他法律相关领域稳步前行。这样，法学教育就如同输送再造硬件材料的源泉，为法治大厦提供了源源不断的建设力量。

第二，法学教育以规范知识为资料，可以帮助学生熟悉法律设定的行为模式，明确法律的界限。同时，学生能够准确地解释、适用法律规则，确保法律制度良性运行。这样，法学教育就如同润滑剂，为法律制度的运行提供了保障，使法治大厦的构建更加稳固、有序。总之，规范知识在法学教育中占有举足轻重的地位。法学教育以规范知识为资料，既为学生提供了宏观把握法律制度的机会，又培养了他们准确适用法律的能力。这样，法学教育就如同画龙点睛之笔，为法治大厦勾勒出更加壮丽的图景。

第三，学习规范知识是学习方法知识的前提，它为学生掌握方法知识提供感性的、生动的材料。

方法知识是获取和处理专业知识所需的秘笈和通道，它静静地架起了一座从未知到已知的桥梁，让学生在浩瀚的知识海洋中得以畅游。它是理解法律和事实的指南针，是科学方法和科学认知之间的决定性纽带，赋予我们科学的生命和活力。在这个知识爆炸的时代，知识的易变性和不确定性比以往任何时候都更加明显。世界正在以前所未有的速度变化着，这对每个人的知识储备提出了新的挑战。但知识并不是一成不变的，它需要不断地去完善和更新。因此，教育应当更加注重引导学生掌握获取知识的方法，而不仅是对知识的简单传授和存储。实践证明，真正具有创造力和领导力的人，并不是那些拥有海量详尽信息的人，而是那些掌握了足够的理论知识，能够进行批判性判断并迅速适应新形势的人。他们能够解决现代世界中不断出现的问题，他们的思维方式和处理问题的方法正是方法知识的体现。

在法学教育中，方法知识尤为重要。因为法律作为社会关系的调整规则，必须随着时代的变化而变化。在当代社会中，法律规则的变化速度惊人。一位德国学者曾经形象地描述过法规变更的速度之快，他说："只要立法者的三句话，整柜整柜的书就可以毁掉。"无论是大陆法系国家还是英美法系国家，法规和判例的数量都在快速增长。以美国为例，每年新制定的法规大约有15 000条，而每年新公布的判例则约为55 000条，加上原来继续适用的制定法和判例，总数已经超过百万。面对如此巨大的法律资源库，如何筛选、分析、鉴别这些法规和判例成为法学教育的重要课题。而这正是方法知识的价值所在。掌握了方法知识，就如同掌握了开启法律宝库的金钥匙，无论何时何地都能游刃有余地处理各种复杂的法律问题。法学教育不能仅停留在让学生"知其然"的层面，更要培养他们"知其所以然"的能力。要使学生能够游刃有余地应对日益繁复的法律规范，必须教授他们如何精准高效地理解和思考这些规则。否则，即使他们在求学期间对法规的理解再深入，也可能难以应对知识洪流快速涌动的挑战。因此，除了让学生掌握法律条文的字面含义之外，更应该培养他们理解法律背后的原理和思想的能力。这样才能使学生更好地适应法律领域的变化和发展。

3. 国内法知识和外国法、国际法知识

法律的深远内涵与适配的社会生活条件及社会结构特点紧密相扣。不同国家在法律体制、法律实施及法律文化等方面存在显著差异，这些差异犹如一幅幅细腻的画卷，源于各自独特的社会生活条件和结构特点，使得法学教育素材在适用性和内容上具有独特的国别韵味。此外，随着国际社会交流的琴弦日益紧密，国际社会共同遵循的规则即国际法的出现，使得法学教育素材中出现了国内法、外国法和国际法等不同的类别。这些类别的差异犹如一道道彩虹，不仅体现了法律的丰富多彩，同时也展示了法学教育在不断适应和促进社会发展中的重要地位。

世界各国法学教育都以国内法知识为核心的原因有以下三个方面。

一是保持法律文化民族性的需要。每个民族的法律文化模式都深深扎根于本民族独特的社会条件和结构之中，并沉淀在本民族的意识和制度之中。法律，如同语言，具有鲜明的民族性。正如法国的法律制度尽管源于罗马法，却散发着法国法的独特韵味；美国的法律制度尽管源于 17—18 世纪的英国法，却展现出美国法的鲜明特色。我国的法律制度即使在全球化的冲击下，它的民族性依然鲜明。这种民族性是各民族法律发展的重要支撑。法学教育主要围绕我国的法律展开，从法律传统的根基——现实出发，对传统文化进行"去伪存真"的提炼。同时，需要根据时代的需求，寻找现代法律的精神

支点，使其成为推动民族文化自我转化、更新的重要力量。在学习、吸收、涵化外来先进民族文化的过程中，法律的精神支点起着至关重要的作用。因此，需要加强对法律精神的培养，以推动民族文化的进步和发展。

二是保持法律体系统一的需要。统一性不仅是法律体系的本质，更是法学教育的核心追求。法学教育，如同探照灯，照亮法律体系的应然与实然，为立法部门提供宝贵的反馈与建议，助力法律体系的完善。而高素质的法律人才，是法律体系实然统一的关键。法学教育，如同一座金矿，淘漉出卓越的法律人才。学生们在这里学习法律知识、锻炼法律技能、培养法律职业道德，成为统一法律体系的中坚力量。实现法律体系的统一，是法学教育的终极目标。学生们在法学教育的熏陶下，深入了解不同地区、不同领域、不同人群的法律需求和利益诉求，发现差异与矛盾，为法律体系的统一提供理论支持与实践经验。统一性是法律体系的灵魂，法学教育则是实现这一灵魂的砥柱。在法学教育的滋养下，法律体系不断完善、发展，如同凤凰涅槃，焕发出新的生机与活力。

三是满足本国法律职业培养合格人才的需要。为了有效地维护本国特色的法律制度，法律职业者必须深入了解本国的法律文化、法律体系和法律学说及心理。正如庞德所强调的，司法人员有责任维护民族正义，因此，他们必须了解该民族的文化和理想。同样，法律职业者也需要更加深入地了解本国的法学知识，以确保法律的有效实施和维护。

在当代，外国法和国际法在法学教育中的地位日益提升，这是多方面因素共同作用的结果。第一，法制现代化需求使得外国法和国际法成为重要的教育资料，有助于学生更好地认识不同社会文化背景下的法律体系，进而推进法制现代化的进程。第二，深化法学研究也需要将外国法和国际法纳入教育内容，以揭示法律现象的特殊性和普适性，进一步推动法学理论的创新和发展。此外，培养具有开放意识和国际胸襟的法律人才也需要通过引入外国法等拓宽法律视野，使学生能够更好地理解和应对全球化背景下的法律问题。在全球化趋势下，法学教育应与时俱进，积极培养理解法律发展共性、熟悉国际法律规则的开放型人才，以适应日益复杂的国际法律环境。因此，法学教育应将外国法、国际法作为重要教育资源，促进全球法律文化交流融合，推动世界法治文明的进步和发展。

4. 事实知识与价值知识

法学教育旨在培养具备法律职业能力和人文素养的法律人才，而事实知识和价值知识是实现这一目标的两个重要组成部分。事实知识是法学教育的基础，它涵盖了法律条文、案例、法规等客观化的法律知识。通过掌握事实知识，学生可以了解法律体系的结构和运行方式，掌握法律工具和技能，为未来的法律职业做好准备。价值知识则涉及法律精神、伦理道德、职业信仰等隐性知识，这些知识对于法律职业者的行为和决策具有重要的指导作用。通过深入理解法律精神、坚定职业信仰、遵循伦理道德，学生可以具备更高尚的人格修养和社会责任感，成为维护社会正义的职业共同体中的一员。在法学教育中，应该将事实知识和价值知识相互结合，不仅要注重传授客观化的法律知识，还要注重培养学生的技术理性和人文理性。通过培养学生的技术理性，可以提高他们运用法律工具的能力和问题解决能力；而通过熏陶人格修养等人文理性，则可以培养他们的道德判断力和社会责任感。综上所述，事实知识和价值知识在法学教育中都扮演着重要的角色。只有将它们相互结合，才能真正实现法学教育的目标，培养出具备全面法律职业能力和人文素养的法律人才。

三、法学教育知识性价值实现的路径

法学教育的知识性价值，是指法学教育在培育学生法律素养的过程中体现出来的价值。法学教育的这一价值是通过传递、整合与创新法律知识的途径实现的。其中，知识的传递是培养学生知识性素养的直接途径，知识的整合与创新则是间接手段。这两个途径集中体现了现代大学教学和科研的双重职能。

（一）法律知识的传递

法学教育的核心使命是传授知识，特别是法律知识。正如一位智者所强调的，高等教育的重要职责不仅是创新知识，更是系统化地传承知识，使后代能够继续发扬前任的智慧结晶。事实上，教育的本质之一就是延续知识的火炬，将前人从历史长河中积累的宝贵经验传递给下一代。因此，教育体系承载着传承历史文化的重任，这是再自然不过的事情。以至于人们普遍认为，大学的基本功能就是传授知识。直至19世纪，牛津学者纽曼在他的经典著作《大学理念》中提出了一个震撼人心的观点："知识本身就是目的。"他的这一见解为我们揭示了高等教育的终极价值。法律知识的传递是法律文化从古至今的延续，是法学教育的重要贡献。

法学教育肩负着传承法律知识的重任，通过独特的运行机制，将法律知识内容进行再现，使得人类对于法律的认识成果得以延续和传承。这种知识的保存是法学教育的基本职能，也是其魅力所在。如果我们将法学教育视为一种交往活动，其中师生之间的互动是围绕着一定的知识内容展开的，那么这个过程实际上就是知识的再现过程。通过这种不断的再现，人类的法律知识得以代代相传，使得法学教育的知识价值得以实现。因此，法学教育实现其知识价值的重要环节就是知识的保存和再现。这一过程不仅是对已有知识的传承，更是对新知识的学习和探索。在这个过程中，师生双方相互学习、共同进步，不断丰富和拓展法律知识的宝库。通过不断的知识再现，人类法律知识得以代代相传。所以，法学教育知识价值实现的首要环节便是知识的保存。

法学教育的重要任务之一就是对法律知识进行提炼和筛选，以适应法学教育的需要。这种提炼和筛选的过程是基于一定的价值观和标准进行的。法律知识浩如烟海，包括不同法系、不同法律渊源、不同历史阶段的法律知识。

这些知识需要经过重组和加工，以适应法学教育的需要。这个过程需要考虑到法学教育的目的和学生的需求，以及社会对法律人才的需求。同时，还需要注意到不同学科之间的交叉和融合，以及法律文化的传承和发展。因此，法学教育中的法律知识提炼是一个非常复杂的过程，需要综合考虑多种因素。

（二）法律知识的整合、创新

法学教育实现知识性价值的方法有知识传递和知识生产。知识传递是怀旧，知识生产是创新。这两方面紧密联系。法律知识需要创新和发展，否则会萎缩甚至消失。法学教育在知识传递中整合知识，再基于整合的知识进行创新。知识传递是直接途径，知识整合与创新是间接因素。法学教育在整合和创新知识方面具有重要功能，它能够提供系统化和理性化的知识体系，促进知识的传递和传承。

从历史角度看，法学教育对法律知识的梳理、发展与人类法律理论的发展息息相关。也就是说，每一次人类对法律现象认识的飞跃，以及每一种法律思潮的形成和传播，往往都与学者的研究和探索密切相关。

伯尔曼认为，12世纪是法律科学的形成时期，也是因为早期法科大学对于罗马法的研究而闻名。然而，由于当时的生活方式已经变迁，注释法学家只能根据自己的理解来解释罗马法，就像用旧瓶装新酒一样法学家们借助罗马法的框架和理论，结合各种法律体系和新的概念，对习惯法进行了系统的整理。此外，由于罗马法的条文并没有展现出政治或法律理论，欧洲大学中的法学家们需要将这些条文汇集在一起，形成一般概念体系。经过欧洲各大学的努力，实现了"法律制度概念化，将法律系统化，使其成为融合的知识体系，在这样的体系中，法律规则的有效性可以通过它们与整个制度的一致性而展现出来。通过这样的过程，西方大学将法律分析提高到一门科学——依照12至15世纪人们对这个词所理解的含义——的水平。"我们可以看到，正是法科大学在早期采用经院主义的研究方法，才使得查士丁尼的罗马法能够得到有效的整合和统一。

顺应资产阶级民主法治的发展，西方近代法学教育蓬勃兴起，将法的系统化提升到很高的程度。它以科学为榜样，以一种合乎逻辑的方式表达其法律观念。同时，它也关注人的权利和正义等抽象理念，并从这些理念出发推导出一套法律概念和范畴的方法。其目的是探讨和论证法律的价值，并为所有法律规则和制度寻找一个绝对的人性和伦理支点。

自然法学派的诞生，如同明灯照亮了法律的浩瀚海洋，将法律的疆界由私法领域扩展至公法领域。达维德曾赞叹，自然法学派让我们醒悟，法律的世界应延伸至统治者与被统治者、政府机关与个人间的相互交错处。虽然罗马法昔日划分出公法与私法的界限，却只是为了暂时将公法置于一旁；而自然法学派的兴起，犹如破晓的曙光，让公法问题正式纳入法学家的研究范围，自18世纪以来，他们在刑法、行政法和宪法方面取得的卓越成就，宛如繁星般照亮了法律的天空，与传统私法相互辉映。综上所述，自然法学派在欧洲大学的兴起意味着法学研究方法的创新和法律内容的丰富和发展。它不仅探讨了法律的价值，还为公法和私法提供了新的视角。同时，它也结束了对公法问题的忌讳，让公法进入了法学家们的钻研范围。

19世纪以后，西方大学的法学研究如火如荼，法律思想争奇斗艳，法学在持续的知识创新中得以升华。分析法学派别致力于研究法律规则的内部构造，凭借经验和逻辑对法律术语及法律命题进行严谨定义和细致梳理；历史法学派则强调法律与社会母体之间的血肉联系，弘扬法律民族精神和历史传统的价值；社会法学派以社会本位价值观为切入点，重视研究法律的社会功能、法律的生效方式、法律与其他社会控制力量的联系等，这些学派都是法学教育推动法学知识发展和创新的见证。

20世纪50年代以后，自然法学、社会法学、分析法学有了新的研究视角和观点，这些学派的兴起受到了重大政治争论和学术争论的推动。同时，行为主义法学、存在主义法学等新兴学派也相继出现。这些学派不仅关注法律本身的问题，还关注法律与心理学、政治学等学科的关系，试图从更广阔的视角来研究法律。此外，综合法学派也出现了，试图折中调和各派的观点，实现法的概念、法的价值、法学方法统一的综合研究。70 年代之后，经济分析法学派运用经济学的原理和方法，深入剖析法律制度和法律活动，以实现最大的经济效益为宗旨，推动法律制度的改革。批判法学则致力于批判西方法律制度和法律文化，揭示其内在的缺陷和不足。新马克思主义法学以人本主义为哲学基础，强调人的自由和权利，宣扬非意识形态化，对马克思主义法学原理进行全面的扬弃。新自由主义法学反对国家的过多干预，主张恢复和发展自由主义，强调市场机制的作用和个人自由。制度法学则超越了自然法学和分析法学，以构建更加公正、合理的法律制度为目标，推动法律制度的创新和发展。这些学派都在大学自由的学术氛围中，通过对已有法律认识成果的反思和批判，实现了认识上的飞跃，为法学研究注入了新的活力和动力。简而言之，知识的传承与知识的创新、整合是法学教育知识性价值实现的两条重要途径。

第二节　法学教育的操作性价值

一、法律技能内涵的界定

（一）法律技能的含义及其特征

在工作中，技能是非常重要的，特别是在需要智慧和身体协调的领域。对于职业从业者来说，技能不仅是完成工作的关键，也是提升职业能力和获得职业成功的重要因素。波斯纳曾经指出，职业需要具备专业化的知识和技能。法律职业就是其中一种需要具备高深知识和技能的领域。因此，法律职业从业者不仅要掌握法律专业知识，还要具备法律技能，才能胜任工作。那么，什么是法律技能呢？我们认为，法律技能是法律职业从业者按照特定规则和程序完成法律职业工作所需具备的能力，包括运用法律知识、解决法律问题、进行法律推理、进行法律论证等方面的技能。在法律领域中，不同职位需要具备不同的技能。例如，法律顾问需要具备与客户沟通、提供法律咨询、起草法律文件等技能；而律师则需要具备独立处理案件、进行法庭辩护、协助客户处理法律事务等技能。总之，对于从事法律职业的人来说，不断提升自己的法律技能是非常重要的。只有具备了足够的法律技能，才能在工作中表现出色，赢得客户的信任和尊重，实现自己的职业目标。

法律技能具有如下特征。

第一，法律技能不同于其他的生活技能。法律技能不仅是"会做"或"能做"的问题，还是一个"知道如何做"的问题，需要深奥的专门化的法律知识，是一种理智的操作，受到一个在先的理智活动的指导，包含着对规则的遵守或对准则的运用。与此不同，实际生活的很多技能可能只需要"会做"或"能做"即可。法律职业被称为"受限制的职业"，最典型的限制是要求长期的正式教育，包括大学类型的专门教育，有时还是大量的教育，并证明有智识力，即要通过要求很高的书面考试。法学教育不仅能传递法律职业者所需的知识、培育特定的思维方式和价值观念，还能影响法律职业技能的形成。法学教育受到被其培养出来的法律家的思维方式及其价值观念和技能的影响。

第二，法律技能来源于知识，是对知识的实际应用。知识与技能有所不同，技术性知识可以言传，技能则不可言传，仅能通过实际操作展示。法律技能是一种直接经验，需要人们在法律实践中逐渐领会和掌握。法律实践为法律技能的形成提供了具体化的、情景化的语境，使法律职业主体在亲历亲为的实践活动中熟练掌握各种法律技能。因此，法律技能仅存在于实践中，获取它的唯一方法是通过学徒制来掌握。

第三，法律职业技能的综合性特征。精湛的法律专业技能，不仅深谙法律思维技巧的运用，更将法律知识与实践经验完美结合，使之在实际工作中发挥出灵动之光。这种能力并非简单地展示法律思维、知识结构或实践经验，而是法律职业者不可或缺的综合能力和技巧，它涉及法律思维、法律知识、法律实践经验等多个方面。

（二）法律职业基本技能概观

综合、归纳国内外学者对法律职业技能及相关问题的阐述，针对本书所论及的对象（法官、检察官和律师等法律角色），笔者认为以下三种技能在法律职业中的地位最为突出。

第一是解决问题的技能。化解社会矛盾、解决纷争是法律职业的核心任务，而完成这一任务的过程实质上就是用法律解决社会问题的过程。对于法律职业者来说，要出色地解决涉法性问题，圆满地完成法律职业任务，首要的条件是具有解决问题的技能，如对问题的识别判断、解释，对策的寻找，确定最佳的选择，以及最后的实施等技能。换句话说，法律职业者只有具有解决问题的能力，才能确保涉法问题得到及时、合理的解决。

第二是独立判断及调查事实的能力。这里所讲的判断和调查事实的能力，主要是指对证据进行细致入微的审查和精准评估的能力，涉及在特定案件中确定证据收集的方向、性质和种类，同时也包含收集证据的技巧。此外，还需要具备对证据收集过程中出现的问题进行判断和解决的能力，这是每一位法律职业者必须掌握的基本技能，也是法律思维能力得以发挥的基础。对于检察官和律师而言，如果缺乏卓越的证据审查能力，将无法在司法程序中稳固自身的优势地位；而对于法官而言，如果缺乏良好的证据审查和判断能力，就可能因为无法形成正确的心证而影响到对案件的公正裁决。

第三是法律表达能力。法律表达能力是指法律从业者能够以清晰、准确的方式传达自己的法律观点和意见的能力，这包括口头表达和书面表达两种形式。对于法律从业者来说，良好的法律表达能力是必不可少的，因为这种能力不仅有助于他们更好地与客户、同行和其他相关方进行沟通，还可以在处理案件、打官司和提供咨询服务时更有效地表达自己的观点和建议。无论是口头表达还是书面表达，都需要法律从业者具备清晰、准确的思维和逻辑推理能力，以确保他们所传达的法律信息和建议是准确、完整和易于理解的。

二、法律技能培养模式

法律技能在法律职业中的重要性不容忽视，因此，世界各地的法律职业培养模式都将法律技能的培养作为首要目标。从目前来看，世界各国对法律技能的培养可以归纳为同步模式与分段模式。

（一）知识教育与技能训练同步模式

同步模式是指法学教育期间，知识和技能训练同时完成的模式。在美国，自制度化的法学教育出现以来，学术化导向和职业化导向一直是人们争论的焦点。在学术性与职业性的博弈中，美国建立了独具特色的法学教育模式——知识教育与技能训练同步的模式。这一模式的出发点是找寻学术性与实践性的恰当结合点，但从实际运作来看，职业性无疑占据着主导的地位。美国学者伯纳德·施瓦茨就曾经坦言：通过不断地冲淡学术内容，是不可能保持学生优秀素质的。虽然法学教育学术性的重要性一直被人们所认同，但事实上，对于自由、批判和理论式的学术研究和教学来说，它们始终处于辅助地位。在美国的法学院中，专门从事纯粹法学理论研究和教学的教授几乎不存在，所有教授理论性课程的教授均主攻某一专业，并教授一门甚至多门法律课程。另外，一些理论课程则由来自其他系的教授承担。从课程设置来看，所谓法学理论课程大都在法学院之外的院系教学和研究。换一个角度，以知识传授作为分析对象，我们看到在理论知识与实践知识的关系方面，美国法学院注重传授的是实践性的知识，轻视系统理论知识的教学；在实体法知识与程序法关系方面，美国法学院更注重程序法知识的教学。美国学者罗伯特·斯蒂文斯认为，案例教学法的持久影响是把美国法学教育的基础从实体转向了程序，并把美国法律学术的重心——或至少是法律理论的重心——逐渐从学说转向了程序。在美国法学教育模式中，职业性主导着美国法学教育发展的方向。换言之，注重学生法律实践技能的训练是其重要特征。美国法学教育的人才培养目标、教授的聘用、教学方法都能够说明这一特征。

美国法学院一直以培养法律实务家特别是律师为目标。在 19 世纪末 20 世纪初，现代法学院的建立基于两个重要基础：一是新近发展起来的研究型大学，二是当时律师培训的实际需求。研究型大学采用全职教授与学徒式培训相结合的方式，创新了教学模式，这些全职教授不仅是法学专家，还擅长科学化培养律师。这说明，法学院为了实现培养律师的目标，在教授的聘任方面，也以实践经验为标准。

在美国具有划时代意义的案例教学法虽然被看成是学术性与实践性的最佳结合点，但不得不承认，这种教学方法实际上是模拟法律家运用法律的过程。运用这种方法的目的是讲授法律家和法庭获得结论所运用的方法，培养学生的法律推理能力和像律师一样的思考能力。作为弥补案例教学法的缺陷而出现的法律诊所教学，更体现了美国 20 世纪 50 年代后法学教育实践性导向强化的趋势。伯纳德·施瓦茨在《美国法律史》一书中指出了这种倾向。他说，20 世纪 50 年代后，美国重新兴起了赋予法学教育更多实践内容的要求，其一，我们应该注重增加技术性课程，以提高学生的专业能力。其二，更重要的是要发展临床诊断式的法学教育，以满足社会的需求。法学教育改革的目标是适应社会的变化，培养出更多优秀的律师。

总之，法学院应承担起训练法律技能的重要任务。为了让学生掌握实际应用的法律技能，法学院会通过模拟法庭、法律诊所、法律援助中心等机构，为学生提供实践机会，让他们在实践中学习、掌握法律技能。

（二）知识教育与技能训练分段模式

分段模式，是指就法律人养成教育来说，分为两个阶段：侧重知识教学的学院教育和侧重技能训练的学院后教育。在学生接受法学教育期间，主要对学生进行系统化的知识教育；在接受学院教育后，专门设立了职业上岗前的培训制度，集中对学生进行法律技能训练。

德国传统上的法学教育，是一种取自"国家法律家"的样式。德国的法学教育是一种经过严密规划和实施的教育体系。从学生进入大学开始攻读法律专业那一刻起，直到他们成为典型的法律职业者（如法官、律师、检察官和公证人）为止，这个教育体系始终以国家和州政府的高度监管为特征。在德国，法学教育分为两个主要阶段：理论阶段和实践阶段。在理论阶段，学生在大学学习法律专业课程，这些课程涵盖了法律的历史、法律条文、法律案例等众多领域。这个阶段通常持续4～5年，并以第一次国家司法考试作为结束。实践阶段则是在完成理论学习后，学生需要在法院、律师事务所、行政机关、企业等地进行实习，进行法律职业训练。这个阶段通常持续两年左右，并以通过第二次国家司法考试作为结束。只有通过第二次考试，学生才能获得从事法律职业的资格，成为法官、律师、检察官和公证人等。这种教育模式的特点是理论和实践的紧密结合，以及国家和州政府的高度监管。它保证了德国法学教育的质量和标准，并使其成为许多国家学习和借鉴的对象。这种教育模式也经受住了诸如魏玛共和国和纳粹时期的考验，至今仍在德国保留着自己的基本特征。

　　日本的法律人养成教育也采用分段模式，即大学法学教育与司法研修相结合的制度。依据日本法律的规定，所有的法律职业者在开始其职业之前，都必须经过司法研修的训练。始于1947年的司法研修制度，目的是使研修生能够掌握以法庭实务为核心的基本技能和法律职业伦理观念和职业意识。研修者通过训练培养了深厚专业知识和全面生活素养，同时熟练掌握法律理论和实践，具备担任法官、检察官、律师所需匹配的素质和能力。日本司法研修所强调法律实务和法曹伦理的教育，紧密关注社会机制，并重视实践经验的重要性。该训练分为几个阶段。首先在研修所进行初始训练，历时四个月。随后进入实务研修，共十六个月，其中在地区法院实习八个月，地区检察厅和地区律师协会实习各四个月。完成实务研修后，还需在研修所进行四个月的后期训练。最后，研修者必须参加最高法院组织的结业考试，只有考试合格者才具备从事法律实务的资格。

三、法律技能的培养途径

法律职业对其从业者的法律技能有着特定的规范，因此无论采用何种法律人才培养模式，都回避不了法律技能培养这一核心问题。法学教育作为法律人才培养的基础阶段，承载着为法律职业输送人才的使命，但同时也面临着许多问题和挑战，需要我们深入思考并寻找解决之道。

从法学教育改革的趋势来看，法律技能培养的重要性日益凸显。无论是德国的教育模式还是美国的教育模式，都非常注重法律技能的培养。法学教育不仅为技能的形成提供了知识基础，而且通过适当的教学方式强化了学生对法律技能的掌握。根据教学场所的不同，法学教育可以分为两类：一是课堂教学，二是实践活动。在大陆法系和英美法系国家中，课堂教学都是主流的教学形式。实践活动形式则是一种在课堂外进行的教学形式，其中包括诊所教学等。对于法律技能的培养来说，两种形式都有各自的优势。课堂教学可以为学生提供系统的法律知识，而实践活动形式则可以让学生在实际操作中掌握法律技能。因此，在法学教育中，应该将课堂教学和实践活动形式相结合，以充分发挥它们各自的优势，更好地培养学生的法律技能。

（一）课堂教学对法律技能的价值

课堂教学为法律技能的形成提供了知识基础。课堂教学是正规法学教育区别于师徒传授的非正规法学教育的标志之一。课堂教学对法律技能的影响体现为两个方面。

一方面，法律实践是培养法律技能的重要途径。法律技能是一种实践性很强的技能，只有在实践中反复训练才能真正掌握。法律实践为法律技能的培养提供了真实、生动的素材和背景，使法律理论知识能够得到实际运用，从而帮助学习者更好地理解和掌握法律技能。例如，律师在处理案件的过程中，需要运用法律专业知识进行法律分析、法律解释、法律辩论等，这些都需要在实践中不断磨练才能提高。此外，法律实践还能够促进法律知识的更新和扩展。随着社会的不断发展，法律知识也在不断更新和完善，只有通过实践才能及时掌握最新的法律知识，并将其运用到实际工作中。同时，在实践中遇到的问题和挑战也能够促进学习者不断思考和探索，从而扩展自己的法律知识面，提高自己的技能水平。课堂教学和法律实践是培养法律技能的两个重要方面。课堂教学为法律技能的形成提供系统的理论知识基础，而法律实践则是培养法律技能的重要途径。只有将两者有机地结合起来，才能更好地培养学习者的法律技能，使其成为具备实际操作能力的法律专业人才。在此基础上，或者说在法学教育之后再集中训练法律技能。而课堂教学所传授的系统的理论知识对于技能的形成是不可或缺的，是法律技能形成的间接知识基础。

另一方面，课堂教学是塑造法律技能的基石，它不仅传授理论知识，更注重传授实践经验。兰德尔的案例教学方式一直成为法学教学和学术研究的主导方式。通过案例教学，我们深入了解法律的实际运作，通过模拟诉讼程序获得实践经验。此外，课堂教学还通过讨论课等形式，培养我们的法律实践能力，包括法律写作技巧、法律研究能力、民事程序实践训练、争议解决方式的选择与运用、多方协商技巧、法律教学思考、精妙的证据演示等。这些丰富多彩的教学内容，将为学生未来的法律职业生涯奠定坚实的基础，并助其成为一名自信、优秀的法律从业者。

总之，就目前课堂教学的两种模式——系统的理论知识教学和典型案例教学来说，都能够为法律技能的形成奠定知识基础。

（二）实践教学对法律技能的价值

实践教学形式是训练法律技能的直接途径。技能是一种直接经验，与知识学习不同，它属于"如何做"的范畴。技能的学习只能通过观察、模仿、练习和实践的方式进行，这需要在实际操作中不断摸索、练习和总结。因此，技能的学习强调在实践中学习，边做边学，不断练习，以达到熟练水平。实践教学形式将课程内容融入实践过程，为学生提供了获得法律技能的实践空间。法律诊所教育是该模式最典型的体现，它通过让学生参与真实的法律案例的处理过程，培养其法律思维和技能，并增强其社会责任感。

法学教育的使命，在于培养出既有理论知识又有实践能力的法律人才。然而，在法学教育中，课堂教学和实践教学往往被视为两个相互独立的领域，各自为政，这使得法律技能的培养变得困难重重。如何将这两者有机地结合起来，成为各国法学教育所面临的迫切问题。课堂教学对法律技能的培养来说，具有不可或缺的重要性。它为法律技能的形成提供了实践教学所不能提供的知识基础，为法律人才的培养奠定了坚实的理论基础。然而，课堂教学的不足也是显而易见的。它不能对法律技能提供直接而有效的训练，无法让学生亲身体验法律实践的真实情境，使得学生在面对真实案例时常常感到力不从心。

实践教学在法学教育中也有其独特的地位。法律诊所教学、实习等实践方式，可以帮助学生亲身体验法律实践，了解实际案例中法律知识的应用和法律程序的运作。这些实践经验可以让学生更好地适应未来的法律职业，提高他们的专业素养和实践能力。然而，实践教学也并非完美无缺。简单模仿医学教育模式并不能充分说明将法学课堂转变为法律诊所的合理性。此外，实践教学也往往缺乏系统性和连贯性，难以达到预期的效果。

关于法律技能训练，存在两种主导观点。一种观点认为，实践技巧应在取得律师资格之后再去磨炼。另一种观点则坚持，在法学教育阶段，学生就应开始接受技能训练。持这种观点的人认为，第一种观点没有充分考虑法学教育的实践性和职业性，以及毕业生所需具备的实践技能。他们主张，在法学教育阶段融入技能训练，这将帮助学生更好地理解和应用法律知识，并提升他们的实践能力和职业素养。同时，这种观点也认为，取得律师资格后的培训往往只关注职业技能的传授，而忽略了法学教育的系统性和理论性。实际上，这两种对立的观点体现了大陆法系和英美法系在法律技能训练方面的两种不同模式。但从当前的法学教育发展趋势来看，两者的融合似乎是大势所趋。

我们注意到，美国的法律教育展现出了其独特之处。通过设立全面的课程体系，并精心协调课堂理论教学与实践教学，以阶段性的方式帮助学生逐渐掌握法律知识。人们普遍认为，最合理的教学方法是在第一年教授法学基础理论和法律推理，为学生打下扎实的基础；在第二年运用模拟方法介绍律师工作技巧，让学生提前感受并熟悉法律实践的运作方式；在第三年为学生提供机会接触真实的案件，让他们在实践中学习和成长。波斯纳也持有同样的观点，他认为法律教育的目的是使学生成为律师。

这种教学方式不仅能够帮助学生更好地理解和掌握法律知识，而且可以激发他们的学习兴趣和热情。通过将课堂教学与实践教学相结合，学生们能够更好地理解法律的实际应用和现实世界中法律问题的复杂性。此外，这种教育方式还可以培养学生的批判性思维和分析能力，能帮助他们更好地应对未来的法律职业挑战。这样的教学方法让学生们更加积极地参与到学习中来，为他们未来的职业生涯打下了坚实的基础。

综上所述，法学教育与法律职业的内在接续性，决定了法学教育应当将法律技能训练作为一项重要的教育目标；各国法学教育发展的历程也说明了法学教育自身也具有实现技能训练的可能性。因此，训练学生的法律职业技能是法学教育所具有的操作性价值之一。

第三节　法学教育的人文性价值

孙晓楼曾强调，法律从业者需要具备三个基本素质：法律知识、社会常识和法律道德。他明确指出，仅有法律知识不足以成为真正的法律人才，还需要具备高尚的法律道德。学习法律的人如果没有良好的人格或道德，那么他的法律知识越精通，越会滥用法律，违法犯罪。因此，法学教育应该注重培养学生的法律职业道德修养，并帮助他们正确对待和运用所学的知识。

一、法律职业道德释义

（一）法律职业道德内涵辨析

在我国当前的法律职业研究中，法律职业伦理与法律职业道德是两个核心的概念。有学者指出它们是相同的概念，即法律职业者在执行法律任务时所应遵循的道德规范和行为准则。也有学者认为它们是不同的概念，即法律职业伦理主要关注的是法律职业者与社会及当事人之间的伦理关系和道德要求，而法律职业道德主要关注的是法律职业者个人与其当事人之间的个人关系和道德要求。此外，有学者对这两个概念进行了更深入的探讨。他们认为，法律职业伦理是指从事法律工作的个人在处理案件中应当遵循的道德规范和行为准则，包括公正、平等、诚信等原则；而法律职业道德则是指从事法律工作的个人在履行职责时应当具备的道德品质，包括敬业、廉洁、独立等品质。综上所述，虽然法律职业伦理与法律职业道德在定义上存在一定的争议，但它们都是我国法律职业研究中的重要概念，对于规范法律职业行为和提高法律服务水平具有重大的价值。

本书从广义的角度深入剖析了法律职业道德，将其精炼为两个核心层面。一个层面即法律职业道德规范，也常被人们称为法律职业伦理，它代表着对法律职业伦理关系的规范性要求，闪耀着道德的光辉。另一个层面即法律职业者个体的道德品性。这是伦理规范在个体身上的内化，体现为个体的道德选择和独特的道德品性，它是人在遵循为人之道过程中所收获的体验与感悟。前者具有鲜明的客观性和社会性，像一座山，坚定而稳固；后者则展现出主观性和个体性，如同流水，灵动而变通。两层面相互交织，共同构建了法律职业道德的宏伟大厦。

法律职业道德规范，是法律职业的灵魂与生命线。它不仅对从业者的行为进行了约束和引导，更在深层次上影响着整个法律职业共同体的形象和声誉。这一规范的重要性，源自于法律职业的特殊性质和职责。作为一种肩负着维护社会公正、公平和正义的使命的职业，法律从业者必须具备高尚的道德品质和良好的职业操守。只有具备了这些品质，他们才能够更好地履行职责、服务社会，同时也获得社会的认可和尊重。正如韦伯所阐述的那样，近代官吏已经发展成为一支专业化、训练有素的力量，他们肩负着维护社会秩序和公正的重任。在长期的预备性训练后，他们具备了专业知识和技能，成为社会中不可或缺的一部分。同时，近代官僚集团为了保持廉洁正派，也发展出一种高度的身份荣誉意识。这种意识激发了他们的责任心和敬业精神，确保了他们以公正、高效的方式履行职责。法律职业是一种以法律为专门业务和职责指向的特殊社会活动。它要求法律职业者具备独立的地位和高尚的威信，不受外部力量的干涉。他们以公正、客观的态度，运用所掌握的法律知识和技能，为当事人提供法律服务，解决纠纷。同时，法律职业者还需要具备高度的专业素养和廉洁自律精神，确保法律的公正性和权威性得到维护。然而，尽管法律职业机构保持独立，但职业者并非能随意决定案件结果。他们的决策受到一套客观规范的制约，其中核心的便是法律职业道德准则。这些准则犹如法律职业的内在守护者，维护着法律职业的良好地位与尊严。在全球范围内，大多数国家都以明文道德准则的形式来彰显这些职业伦理关系。这些道德准则能够防止不道德行为的发生，从而维护整个行业的声誉和形象。

法律职业道德的核心是法律职业者在执业活动中对法律职业道德准则的遵守和体现，这表现为个人的品质和操守。伦理学告诉我们，道德品质是由知识、意志和行为相互交织而成的。

道德理解是人们对社会、他人，以及调整社会关系的伦理规范、原则和理论的认识和掌握程度，它像明灯一样照亮我们前行的道路。

道德情感是基于道德理解，对现实生活中的人际关系、道德行为和现象产生的喜好或反感、亲近、疏远等情感态度，它像阳光一样温暖我们的心灵。

道德决心是人们在履行道德义务过程中，克服各种困难、阻碍而做出道德选择和行为坚持的精神力量，它像钢铁一样坚固着我们的意志。

道德信仰是人们对某种伦理学说、道德理想和行为原则的深刻而有根据的信服和崇敬，以及由此而产生的对某种道德义务的强烈责任感，它像北斗星一样指引我们的方向。

道德行为是人们履行道德义务的外部表现，表现为语言、行动和习惯等方面，它像行云流水一样自然地展现我们的道德品质和操守。同样地，法律职业道德也主要体现为法律职业者在执业活动中表现出的个人道德品质和操守。

（二）法律职业道德与其他职业道德的分殊

法律职业道德是法律职业领域中不可或缺的一部分，它具有独特的特征，使得法律职业者与其他职业者有所区别。这种特殊的职业道德，强调了公正、公平、诚信、责任等价值观念，从而促使法律职业者更好地履行职责，推动法治社会的建设和发展。

第一，从道德的不同层次来看，法律职业道德属于高阶道德。我们可以将道德分为三个不同层次：基本道德、公务员道德和精英集团道德。基本道德是每个人都必须具备的最低限度道德，公务员道德是掌握一定权力的公务员应该具备的道德，而精英集团道德则是社会精英集团所应具备的道德。法律职业道德是社会精英阶层的一部分，因此其要求超出常人，高于一般公务员的清正廉洁、刚正不阿的道德标准。

第二，从不同职业道德的视角来分析，法律职业道德具有独特性。这种与众不同的特质，让法律职业在众多职业中脱颖而出。在实现定分止争、守护社会正义的使命过程中，法律职业的不同角色——如法官和律师，各自承担着独特的职责。他们以自己的方式，守护着公正与公平，为社会正义的实现贡献着力量。波斯纳在《法理学问题》一书中对法官和医生的职业道德进行了比较分析。他指出，法官在解决纠纷时往往会伤害一方，而有利于另一方，然而医生通常不会牺牲他人来帮助另一人。这种比较凸显了法律职业道德的独特性，强调了其与医疗职业道德的不同之处。法学家朗·L·富勒曾明确指出律师职业道德的独特性。在刑事案件中，律师为一名明知有罪的人进行辩护并收取费用，是合乎职业规范且合理的行为。他们可以为这个罪人进行公开辩护，并接受相应的报酬，而不会受到良心的谴责。这种行为虽然符合律师的职业操守，但可能会引发一些道德争议。

　　法官职业道德与医生职业道德，两者犹如两条平行线，各自行走在各自的职业轨道上，互不干扰。这种独特性源自于法官职责与角色的独特定位。作为正义的守护者，法官们肩负着解决社会纠纷的重任。他们以中立的视角和权威的裁决，维护着社会秩序和公平正义。在解决纠纷的过程中，法官们必须在复杂的利益纷争中作出公正的判断，尽管这可能对一方不利，但却能维护另一方的权益。而这种公正的判断，是通过法律程序这一看得见的正义得以实现的。法律程序是人们为了避免暴力冲突、寻求和平解决争端、维护社会秩序的理性选择。在这个过程中，法官的裁决结果不仅具有道义上的合理性，更能为当事人自愿接受裁决结果提供合理的前提。因此，法官职业道德的特殊性与其所遵循的法律程序紧密相连。

　　作为现代司法制度的坚实支柱，律师制度在捍卫司法公正中发挥着至关重要的作用。律师们，作为司法过程的重要参与者，不仅追求保护客户的利益，还扮演着协调公共秩序和个人需求的重要角色。律师，这一独特的职业群体，始终坚守着独立的身份和立场。作为当事人的代理人，他们的利益和立场虽然与当事人紧密相关，却并非完全一致。他们和法官一样，同属于法律职业的殿堂，但他们的角色并非附属于司法机关的棋子。相反，他们以专业人士的身份，严格遵循着独特的职业道德规范，时刻对自己的行为进行严格的约束。

　　律师道德与商业道德相比，具有两个独特的方面。一是律师道德强调对当事人的忠诚。在律师的道德准则中，诚实和良好的道德行为被赋予了更高的价值。作为受信托人，律师们需要放弃自我，这种无私的奉献是他们最高的原则。也正因如此，律师们才会为那些明知有罪的人进行辩护，他们的良心不会因此受到谴责，这是律师职业的特殊之处，它赋予了律师们独特的职业伦理。二是律师道德强调公益原则。虽然律师的服务和技术是出售给客户的，但他们的个人信念并不是商品。客户可以购买律师的服务和技术，但对于律师来说，他们的忠诚度是有限的。这是因为，作为律师的一部分，他们必须将个人的政治信念奉献给公众利益。他们对公益、权力和责任的追求，决定了他们对客户的忠诚是有限度的，同时律师服务作为商品来买卖也是有限度的。这与完全以货币为尺度的商业道德有着本质的区别。

二、法学教育对法律职业道德意义的争辩

法学教育和法律职业道德之间是否存在关联，或者更确切地说，法学教育是否对法律职业道德有所影响，其实质是法律职业道德是否可以通过教育来传授和培养的问题。这个问题可以分解为两个方面。

一方面，法律职业道德作为法律人的行为准则，是维护社会公正、促进法治建设的重要保障。正如古希腊哲学家苏格拉底所强调的，美德的本质是知识或智慧，而知识是可以通过教育和培养来传递的，因此美德同样也可以通过教育和培养来塑造。在世界各地的法学院中，法律职业伦理课程被纳入教学体系，作为培养未来法律职业者的重要环节。这一举措的目的在于确保法律职业者具备高尚的道德情操和严谨的职业行为规范，从而在未来的职业生涯中更好地维护社会公正和诚信。

另一方面，从职业道德的视角深入分析，是否可以教授美德的问题引发了广泛的争议。美德学习，作为一种独特的自我提升方式，其核心在于培养正确的价值观和生活态度。普通知识和技能的传授通常可以通过讲解和训练来实现，然而美德的传承则需要借助更加间接、潜移默化的方式——通过接触道德榜样进行学习。根据赖尔的观点，美德并不是直接由教师传递给学生的产物，而是在间接地受到道德榜样的影响、自觉地向道德榜样学习的过程中逐渐形成的。因此，即使我们使用"教师"这个词来形容他们，也无

法改变一个事实——他们仅仅是年轻人的道德榜样，而非传统意义上的"道德教师"。

法学教育，这一领域触及人类社会最为敏感的道德底线——法律职业道德，其重要性不容忽视。这个争论焦点如同多棱镜，折射出人们对于道德品性在法学教育中的地位与作用的深入探索。一种观点怀疑法学教育对道德品性的积极作用，他们认为法学院的学习经历并不能够显著提高学生的道德水平。这种观点认为，法律职业道德教育往往只是机械的知识灌输，缺乏真实的实践体验，因此，难以真正触动学生内心的道德情感。然而，另一种观点则持肯定态度，他们坚信法学教育对学生道德品性的发展具有积极作用。这种观点认为，通过学习法律知识和专门的道德规范课程，学生可以更好地理解和遵守职业道德规范，提升自身的道德水平。

（一）法律职业道德教育怀疑论

那些依据经验证据（通过测试）持怀疑观点的人认为，无论是首个学年的法律实践还是一个学期的独立法律职业伦理课程，它们对学生的价值观并未产生任何显著的影响。法学教育无法推动也无法阻碍学生的道德发展。波斯纳也曾对校园道德教育的有效性表示过强烈的疑虑。他提出以下三个证据支持自己的观点。

第一个证据是，道德家及其学生并不比其他受过良好教育的职业群体，如科学家、律师和经济学家，展现出更高的道德水准。正如一位道德哲学家所指出的，证明你在道德方面具备专业能力的唯一证据是你能以可信赖的方式过上一种有道德的生活。然而，并无证据显示道德哲学家在道德表现上优于非哲学家。最佳道德哲学家未必能教导道德，那些因行为与道德准则有异而困扰的人，才会被道德哲学吸引，但多数修读道德哲学课程的本科生不符此条件。因此，人们期待看到学习此课程对部分人产生真实启示，提升科学家、律师等群体的道德观念，但实际上，少有道德哲学家关注此证据问题，揭示校园道德家在职业发展中承受孤独与痛苦。

第二个证据揭示，道德哲学家追求职业声望，重视论文撰写，而对教学工作量精简。原因在于，他们质疑道德哲学能否真正改善道德，认为道德哲学的本质任务在理论探讨而非实践应用。此外，他们担忧教育效果，认为改变个体道德观念和行为受多因素影响，如家庭背景、社会环境等。因此，道德哲学家将教学工作量降至最低，以追求职业声望和应对教育效果的疑虑。这种心态反映了道德哲学学科本质和教育效果的有限性，值得深入探讨。

第三个证据是法律专业学生在接受精英法律教育后所经历的转变。许多初入法学院的学生都怀揣着自己的理想，希望投身于为公众利益服务的事业。他们受到了法学教授的熏陶，这些教授深信法律和道德是相互关联的，并致力于将这种理念灌输给他们的学生。然而，当这些学生毕业后，他们中的绝大多数都选择加入了大型律师事务所，这与他们之前的理想背道而驰。他们的道德观念并未因法学教授的教诲而得到强化，反而受到了压制。他们意识到，他们所面对的物质利益诱惑比起道德楷模所遭遇的诱导来说，简直是微不足道的。这种被称作"公益流失"的现象广为人知，且不乏例证。在哈佛法学院，一年级的新生中，高达70%的人怀揣着对公益事业的炽热渴望。然而，到了第三年，这个数字却骤然降到了2%。尽管如此，还是有人愿意投身公益事业。尽管这些工作的薪水无法与私人企业相提并论，但他们的选择并非出于对金钱的追求。这是一种利他主义动机的体现，其中很多人仅坚持数年。有些人选择从事公益事业，是因为他们不再需要偿还法学院的贷款。而另一些人则认为，这种工作比私人律师行更加有意义，而且工作时间更为短暂。然而，在我们那些才华横溢的法学院毕业生中，真正能够成为理想主义者的人实在是凤毛麟角。尽管法学院的课程中贯穿着校园道德理论，但现实生活中的职业选择却并非完全受到道德的左右。

　　波斯纳认为，道德哲学的教育可以让学生接触到不同的道德哲学，以及对其进行分析、质疑、修正和推翻的方法，从而引发他们对道德的怀疑。此外，学习道德哲学还可能让学生构建一套约束较少的个人道德体系，甚至将违反常规道德的行为合理化。此外，波斯纳还分析了造成这种状况的原因，认为一方面是道德教育本身无法制止的社会潮流，道德也许对当代人失去了支配力。对于道德哲学家而言，他们可能因为自己的著作不受社会高度重视和没有很高的报酬而感到被社会轻视。这种感受可能会加剧他们认为社会的道德法典不应当约束自己，相反，社会应采纳或至少是宽恕道德哲学家的道德法典的想法。越来越多的证据显示，法律和互惠性在制约我们的个人行为中扮演着重要角色，而社会道德规范的作用则相对较小。随着隐私、财富、城市化、职业和地理流动性的增加，以及教育和信息的获取方式多样化，人们逐渐摆脱了家庭和地方群体的束缚，形成了个人主义。这些因素削弱了道德规范的约束力，因为只有在同伴目光下且不容易摆脱同伴时，道德规范才会更有效。另一方面，校园道德哲学家的道德法典普遍缺乏标准和创新，显得老套陈旧，缺乏新意。因此，调查研究在此显得尤为重要，以便更好地了解现代社会的道德规范和价值观。

（二）法律职业道德教育肯定论

　　这些坚定的人认为，成年人的道德成长主要源自于他们参与的有道德的、体验角色的代理活动。持肯定态度的人认为，道德和美德是可以通过学习和实践培养的。他们强调，学生在法学院的初期，便开始逐渐形成与自身角色相关的道德观念，并在实践中不断深化。法学院通过其教育活动，提高学生的道德敏感度，帮助他们更好地理解和应对道德问题，做出明智的道德选择。虽然道德哲学教学无法直接决定一个人的道德行为或信仰，但它无疑增强了学生对道德问题的认识和理解，使他们更加明智地面对道德困境。大学毕业生在行为上会表现得更加道德。对于美德的追求，必须建立在道德的行为之上，这是持肯定观点的人所一致认同的。同时，这种道德的追求并不仅仅是个人的事情，最好能在道德教师的指导下进行。此外，关于法学教育对法律职业道德的价值问题，还有一种中立的观点。以前美国最高法院大法官汤姆·C·克拉克曾经坦率地说过，虽然许多法学院说他们无法教授道德品质，但他们必须教，因为没有其他人能教。因此，尽管法学院可能不是直接影响学生道德品质的唯一因素，但它们在培养学生的道德敏感度和帮助他们做出明智的道德选择方面起着重要作用。

（三）法学教育对法律职业道德意义之我见

法学教育在处理法律职业道德的问题上，需要准确把握"教"的双重含义。从语言学的角度来看，"教"有两种解读：一种是成功地教授某人做某事，确保他们完全掌握所教授的内容；另一种是表达尝试教授的意图，即试图使某人掌握所教授的内容，但未必能实现。从成功教授的角度来看，法学教育在教授法律职业道德方面确实具有挑战性，因为道德并非仅是知识和技能，更是一种内心的信仰和价值观。

然而，从尝试教授的视角来看，法学教育对于培养法律职业道德具有不可或缺的价值。法学教育的作用不仅包括传授法律知识和技能，更塑造新一代法律人的价值观和职业操守。在这个过程中，法学教育者需要关注学生的内心世界，引导他们发现和追求真理，激发他们的道德感和职业操守，帮助他们树立正确的人生观和价值观。法学教育的使命不仅在于培养具有专业知识和技能的法律人才，更在于培养具有高尚品德和操守的法律人。只有这样，我们才能培养出真正的法律人才，他们将带着公正和公平的使命，为社会的繁荣和进步作出贡献。因此，法学教育者需要用心去润色每一个学生的内心世界，用智慧去启迪他们的未来之路。

三、法学教育对法律职业道德之剑的熔铸

（一）设置法律职业道德课程培养学生的道德认知

法律职业道德在法律职业中占据着举足轻重的地位，法学教育应当将道德教育贯穿于整个培养过程中。通过系统性的课程设置，我们可以向学生传授法律职业道德的基本知识和规范，帮助他们树立正确的价值观和职业操守。在课堂教学方面，案例分析是一种非常有效的方法，可以引导学生深入探讨涉及法律职业道德的复杂案例。通过角色扮演，学生可以模拟法律职业中的实际情况，亲身体验职业道德的实践意义，学会如何在面对挑战时保持坚定和正直。小组讨论则可以鼓励学生分享观点，促进他们的思考和反思。

1. 设置法律职业道德课程有助于学生认识法律职业道德对于法律职业的意义

开设法律职业道德课程，可以帮助学生了解法律职业道德对于法律职业的重要性和必要性，并深刻理解其对于维护法律职业形象和公信力的重要性。除了需要专业化的知识和独特的法律技能外，法律职业的维护还需要依靠法律职业道德。因此，通过课程传授法律职业伦理知识，可以提高学生的道德意识和责任感，从而更好地履行法律职业的职责，具体原因如下。

第一，法律职业目标的实现依赖于法律职业道德的保障。法律从业者们致力于执行国家法律，他们化解社会矛盾，维护社会和谐，扮演着社会正义守护者和公民权利保护者的角色。他们以法律职业伦理为行动指南，实现司法公正的重要基石，旨在确保公平正义在每个案件中得到体现，保障公民的合法权益。它像一道无形的防线，保护着社会的和谐与公正，让人们感受到法律的公平与正义。在法律职业道德的熏陶下，法律职业者们努力追求公正、廉洁、高效的工作方式，为社会正义的实现贡献着自己的力量。

法律职业者的司法活动就像一幅错综复杂的画卷，其中理性与经验交

织成一幅独特的画面。法官在审理案件时，他们以客观、理性的态度，仔细研读案件事实和法律条文，同时倾听内心的声音，将自身的情感、价值观和经验融入其中，从而做出公正的判断。因此，法官在审理案件时，需要保持清醒的头脑，并注重自身的道德素养，以维护司法公正和社会公正。法律职业道德准则是法律职业行为规范的基石，它对法律从业者具有深远的意义。这些准则不仅是规定法律从业者行为规范的详细章程，更是他们内在约束机制的关键补充。通过这些准则，法律从业者能够更加有效地引导、调节、掌控并激发自己的行为，以实现公正的目标。这些准则如同照亮道路的明灯，指引着法律从业者维护公平正义，为社会的和谐稳定贡献力量。

第二，法律职业道德是维护法律职业良好社会地位的坚固堡垒。在法治社会的宏伟蓝图中，法律职业理应成为备受尊崇的精英团体，它犹如一颗璀璨的明珠，具有崇高的社会地位并受到广泛的公众尊重。大木雅夫博士深入剖析了英国法律家的培养制度，他如同一位精湛的艺术家，揭开了法律职业的神秘面纱，让我们看到了英国法官那少数精英的面貌。他们的地位崇高无比，他们不仅具备丰富的法律知识，更有广博的教养和廉洁的品质。正因为如此，他们才赢得了普通民众的信赖和敬仰。波斯纳博士在揭示律师、医生等职业的神秘面纱时，强调了法律职业道德是维系法律职业良好社会地位的关键力量。他如同一位明灯，照亮了我们前行的道路。他进一步指出：塑造充满魅力的个人形象是职业神秘化的手法之一，无论外表、个性还是个人背景都能给人留下深刻的印象。这就像一幅精美的画卷，需要我们用心去描绘和欣赏。法律职业者强调利他而非利己，并努力掩饰受金钱驱动的程度。他们声称选择这个职业是因为有机会追求天职，获得智力回报或为他人服务，从而提升魅力。律师和法官在法律活动推动法律家集团形成之前，已开始产生职业荣誉感和责任感，演变为传统的法律家职业道德。

第三，法律职业道德是实现法律职业自治的主要途径之一。法律职业者作为社会公正的捍卫者，承担着解决纠纷、维护公平正义的重要职责。因此，法律职业道德对于他们来说是至关重要的。它不仅规范了从业者的行为，还对整个行业的形象和信誉产生深远影响。加强法律职业道德建设是实现法律职业自治的必要手段之一。法律职业自治是指法律职业者通过自我约束、自我管理、自我规范等方式，实现职业的独立性和自主性。这不仅要求法律职业者具备扎实的法律知识和技能，还需要他们具备高尚的职业道德和操守。只有这样，才能确保法律职业的公正、公平和权威性，从而更好地为社会服务。在实现法律职业自治的过程中，职业道德建设发挥着至关重要的作用。通过制定严格的"伦理法典"，对从业者的行为进行约束和规范，同时采取同行压力、限制进入职业组织等措施，对违反职业道德规范的人进行惩罚甚至清除，从而维护和实现职业自治。加强法律职业道德建设不仅有助于提高法律职业者的专业素养和道德水平，还有助于推动整个行业的健康发展，更好地为社会服务。通过加强职业道德建设，可以塑造出公正、廉洁、服务社会的法律职业者形象，提高行业的公信力和社会认可度。同时，这也有助于增强法律职业者之间的凝聚力和合作精神，为推动法治建设和社会进步贡献力量。

2. 设置法律职业道德课程有助于学生掌握法律职业伦理知识体系

通过设置法律职业道德课程，传授法律职业伦理知识可以使学生掌握法律职业伦理知识体系。张志铭教授将这一知识体系具体分解为四个方面：

第一，对道德评价的理解：善的体现。法律职业道德评价是法律职业者在职业活动中对道德标准的理解和应用，它反映了职业者对善恶、是非的判断。道德教育的核心在于帮助人们深化对法律职业道德评价的认知，并激发对自身行为道德责任的觉醒。这种自我觉醒和认知，是推动人们在职业生涯中始终保持高度责任感的关键要素。

第二，对道德准则的认知：善的含义。道德上的善以社会所认可和遵循的一整套道德准则来体现。不理解这些道德准则，就无法准确把握道德上善的具体含义。因此，法学教育将法律职业道德教育准则作为传授的目标之一，旨在让法律职业者能够更好地理解和遵循这些道德准则，从而在实践中更好地体现道德上的善。

第三，对道德依据的认知：善的理由。道德教育的任务在于提供分析道德论点的工具。

第四，道德冲突与道德理论的认知：善的实现。道德教育的崇高使命是传授道德理论，为解决道德冲突指明方向，提供智慧的抉择。

对于法律职业伦理的教育，学生需要谙熟法律职业道德规范，以及法律职业活动的是非评价尺度。只有了解这些，他们才可能将其转化为内心信念并付诸行动。通过这种方式，我们才能实现对学生道德品格的教育。在解决道德冲突时，不同的道德理由之间的整合是至关重要的。这种整合需要考虑到各种不同的道德原则和价值观，以及它们之间的关系。通过这种方式，我们可以形成连贯一致的道德理论，为解决道德冲突提供指导。在法律职业伦理方面，学生需要了解职业道德准则和是非评价标准。这些知识可以帮助他们更好地理解法律职业活动的道德要求，并将其转化为实际行动。同时，这些知识还可以帮助他们树立正确的道德观念和价值观，从而更好地履行自己的职责。

总之，对于实现学生道德品格教育而言，提供法律职业伦理知识是至关重要的。通过这种方式，我们可以帮助学生树立正确的道德观念和价值观，从而更好地履行自己的职责。同时，我们还可以提供解决道德冲突的方法和策略，帮助学生更好地应对各种挑战和问题。

（二）寻求有效的教学方法培养学生的职业道德修养

对于学生而言，学习法律职业道德知识是必要的，但更重要的是将这些知识转化为内在的道德信仰和行为习惯。这种转化需要教师在教学过程中采用多种方法，如案例分析、角色扮演、讨论等，引导学生对道德问题进行深入的思考和判断。同时，教师还可以以自身的行为为榜样，让学生感受到职业道德的力量和价值。在法学教育中，教师不仅要注重知识的传授，更要注重培养学生的道德情感和判断力。只有当学生具备了这种能力和素质，才能在未来的职业生涯中始终保持高尚的职业道德，维护法律的尊严和公正。因此，法律职业道德教育不仅是法学教育的重要组成部分，也是培养合格法律人才的关键之一。

　　法律职业者所遵循的道德规范，旨在塑造公平、正义的法律执业环境。这些规范不仅涉及律师与客户、立法者及社会的关系，更强调了律师在执业中应具备的品质和行为标准。就像其他领域的专业人士一样，法律职业者需要通过不断学习和实践来提升自己的专业素养。对于律师而言，要想赢得客户的信任和社会认可，不仅要了解法律条文和案例，还需要具备良好的沟通技巧和人际交往能力。只有这样，才能在实践中真正掌握法律职业的微妙之处。同时，教学方法的不断改进也是提高法律职业者素质的关键。通过模拟法庭、法律援助等实践活动，学生可以更好地理解法律条文的含义和应用，从而为未来的职业生涯打下坚实的基础。

　　法律职业道德教育在法学领域中具有独特的地位和价值。为了培养学生的道德素养和职业操守，法学教育必须采用一种特殊的教学方法。这种教学方法应注重学生与教师之间的互动，创造出情感体验的场景，以帮助学生将道德认知转化为道德判断和推理能力。常见的法律职业道德教学方法包括以下六种。① 课堂讲授法：通过教师的讲解和阐述，使学生了解法律职业道德的基本概念、原则和规范。② 渗透法：通过将法律职业道德的内容融入其他法律课程中，让学生在潜移默化中接受教育。③ 问题教学法：通过引导学生分析和解决实际道德问题，培养学生的道德判断和决策能力。④ 案例分析法：通过分析真实的法律职业道德案例，让学生了解如何在实践中应用道德原则。⑤ 示范法：通过教师的行为示范，让学生了解如何践行法律职业道德。⑥ 体验角色的代理活动：通过让学生扮演不同的法律角色，体验不同角度的道德考量，加深对法律职业道德的理解。

　　这些方法在法律职业伦理道德教育中发挥着不同的作用，教师可以根据教学内容和学生的特点选择合适的方法进行教学。

1. 课堂讲授法、渗透法、问题教学法的价值

法律职业道德是法律职业的核心，是衡量法律从业者职业素养的重要标准。教育界采用多种教学方法推动其认知和发展，主要包括课堂讲授法、渗透法和问题教学法。课堂讲授法：主要传授法律职业道德知识，让学生了解历史、伦理规则，建立全面理解。渗透法：将道德规范教学与其他课程相结合，潜移默化地培养学生法律职业道德。问题教学法：利用实际案例和问题教授法律职业道德，培养道德推理能力和应对困境能力。这三种方法各具特色，都能有效推动法律职业道德的认知和发展。通过系统传授、潜移默化和实际应用，学生能更好地理解和掌握法律职业道德，为未来职业生涯打下坚实基础。

一些人认为演讲式教学法对律师个人行为责任感的培养效果有限，渗透教学法面临缺乏激励机制和内容与实体法领域联系不紧密的问题，问题教学法可能导致学生误解职业道德仅是解决问题策略。实际上，法律职业道德对职业活动人际关系处理有深远影响，如律师如何对待当事人、保持诚实审慎等。因此，我们需要采用更为高效的教授方法来传授法律职业道德，以帮助学生更好地理解和遵守这些准则。

2. 案例教学法、示范法和体验角色法的价值

案例教学、示范和角色体验活动在学生法律职业道德培养中具有重要价值。这些方法可以有效地促进学生的道德认知内化，实现从知识到信仰再到实践的转变。这些方法的关键在于为学生提供了难得的角色体验机会。通过亲身参与，学生能够更深入地理解和感受职业道德的魅力，从而塑造出独特的法律职业道德人格。

（1）案例教学法的角色模拟体验价值

案例教学法在法律职业道德教育中的重要性在于为学生提供角色体验的机会。一方面，这种方法使学生能够扮演法官的角色，通过分析和评估案例中的法律问题，以公平、公正的态度来处理案件。这种角色体验使学生能够深入了解法官的职责和道德要求，从而培养他们的法律职业道德观念。另一

方面，案例教学法也为学生提供了扮演律师和当事人的机会。这种方法让学生能够体验到法律职业中的不同角色，并了解他们在案件中所承担的道德责任和义务。通过角色扮演，学生可以亲身体验到法律职业中不同角色的道德要求，这有助于培养他们的法律职业道德情感和态度。此外，案例教学法还通过具体案例的讨论和分析，帮助学生了解法律职业中的道德困境和挑战。这种方法鼓励学生从不同的角度看待问题，培养他们的批判性思维和独立思考能力。通过案例教学法的实践应用，学生可以更好地理解和掌握法律职业道德的原则和规范，从而在实际工作中更好地履行职责。法官角色的扮演可以提高学生的同情理解力，并培养他们在不同情境中保持中立的能力。此外，它还可以增强学生在面对复杂案件时的推理能力和决断力。通过案例教学法，学生可以学习如何在不同的价值观念之间进行权衡和抉择，从而培养出道德想象力和独立思考能力。由于法官角色要求学生对有疑问的案件进行推理并作出最终裁决，这可以防止学生过于依赖价值观领域的复杂性，并避免学生养成独断专行的品性。

通过让学生扮演律师角色，为其不信任或认为违背道德的立场进行辩护，可以促使学生暂时搁置自己的信仰，努力挖掘该立场的优点并清楚表述。这样，学生能够以友好眼光看待甚至自己反对的观点，并逐渐学会区分各种主张的优缺点，包括他们认可和赞同的，以及不熟悉或道德上反感的。此外，案例教学法使学生不仅面临对客户利益的忠诚和对法律的忠诚之间的道德抉择，更在解决这些道德困境的过程中深刻领悟到法律职业中的伦理关系。通过这种方式，学生将更加谨慎、热心公益，并保持正当限度的对客户忠诚，形成良好的法律职业道德品格。案例教学法不仅培养学生的专业能力，更将他们的道德素养提升至新的高度，为未来的法律实践做好充分准备，展现出更加优秀的综合素质。

（2）角色示范（包括学习律师代理的案件和指导人的角色示范）的模仿价值

角色示范，主要包括真实角色示范和讲故事两种形式，是美国学者杰姆·E·默里特诺提出的理论。他认为，模型越接近要学习的角色，示范就越有效。如果要有效地模仿律师的行为，最好的方式就是扮演律师的角色。学生可以通过两种途径来模仿律师：一是间接地通过讲述律师案例来学习，二是直接地在真实或模拟的客户服务中与律师一起工作。在课堂上展示道德行为是教育学生的一种有效方式。通过观察活生生的示范行为，学生可以间接体验角色，包括正直、信誉、关心人权、职业群体意识等方面。然而，与律师一起工作可以为学生提供更深入的角色体验和情感交流，这种方式的示范行为与学生所模仿的行为联系更为紧密。因此，与律师一起工作会比讲故事或一般的示范作用更大。

（3）诊所教学的真实角色体验

诊所教学在培养法律职业道德方面具有以下意义：它能够让学生在实际的律师角色活动中，亲身体验真实的法律实务情境，面临更加复杂、更具创造性和更令人尴尬的道德问题。这种体验有助于学生深刻理解道德规则在实践中的微妙之处，例如，禁止向他人虚假陈述等有关律师从事这种活动的道德规则。通过这种方式，诊所教学对于学生道德情感或道德态度的养成具有不可估量的价值。此外，诊所教学还提供了实践中的重要知识。通过在诊所教学中体验律师的角色活动，学生不仅能够学习到法律知识，还能够培养出对职业道德的深刻理解和尊重。因此，诊所教学对于法律职业道德教育具有重要价值，它能够让学生在实践中体验和学习，培养他们的道德情感和态度，并提供重要的法律知识和职业道德教育。

在道德教育中，情感性和态度性的教育占据着举足轻重的地位。评判这类教育的效果有三个关键指标：第一，教育者是否具备丰富的情感、高尚的人格品质和独特的技能；第二，教育过程中是否形成了真挚的情感交往关系或"情感场"；第三，受教育者是否积累了宝贵的情感经验并得到成长。基于这三个指标来审视法学教学方法可知：传统的讲授法在法律职业道德教育方面存在局限性，因为它只注重知识的传递，却忽视了情感交流和情感经验的积累，虽然它可以帮助学生培养道德认知，但在塑造学生的道德品行方面效果并不理想；相比之下，案例教学和角色扮演等教学方法可以为学生提供更多的情感体验机会，这些方法不仅有助于提高学生的道德认知，还能推动他们向道德品行的转化。因此，如何根据法律职业道德教育的特点选择合适的教学方法，提高教育的实效性，是法学教育实现其应有的法律职业道德教育价值的关键。

第四节 法学教育的终极性价值

法治的精髓在于人们对法律的尊崇和信仰。这种信仰是构建法治社会最为坚实的基石，因此，法学教育在推动法治进程中扮演着至关重要的角色，尤其是对于法律人的法律信仰的培育。前文各章详细阐述了法学教育在知识传递、整合与创新、训练和提升法律技能、养成和改善法律思维方式、培育法律职业道德等方面的价值，这些价值最终汇聚于一点，就是帮助学生树立坚定的法律信仰。在这个过程中，法学教育不仅关注法律知识、技能、思维和道德的培养，更注重法律信仰的树立。

一、法律信仰的时代意蕴

（一）法律信仰的概念

信仰，这一人类社会普遍存在的永恒现象，在法治的时代背景下，以一种特殊的形式得以展现——法律信仰。法治社会不仅需要一套反映社会关系及其发展规律的制度体系，更需要法治精神的滋养和支撑。这种精神，就是人们对法律的神圣性和不可侵犯性的坚定信仰。自法律逐渐取代其他规则成为社会秩序的主要维护手段以来，对法律的信仰从其他信仰中脱颖而出，成为一种独立的信仰，与宗教信仰、政治信仰等相互辉映。"法律必须被信仰，否则将形同虚设""没有信仰的法律将退化为僵死的法条……

而没有法律的信仰将蜕变成狂信"等简单而深刻的命题表达了法治时代的精神意蕴。

1. 法律信仰意味着法律是拴系人们心理的"结实木桩"

在历史的长河中，人类始终与来自外部的自然压力和内部的人为动荡不断抗争。为了寻求心灵的庇护，寻找一个能给予内心安定与平静的"支点"，人们不断寻找着信仰的对象。历史上的图腾、神灵、真理等都曾是人们祈求与信仰的所在。在当代社会，这些信仰对象依然存在，且随着时代的推进，新的信仰对象也在不断涌现。在人类社会的早期阶段，图腾成为人们主要的信仰对象。随着文明的进步，宗教信仰逐渐成为人们的精神寄托并逐渐普遍化。随着科技和工业革命的快速发展，虚无的神灵信仰逐渐被真理信仰所取代。

在当代社会，无论是在已经形成的法治社会，还是在正在构建法治的社会，法律已经成为人们主要的信仰对象。作为社会规范和价值准则，法律在维护社会秩序、保障公平正义、推动人类发展等方面发挥着至关重要的作用。现实性在于：法律取代了道德和宗教，成为维护现代社会经济和政治秩序的主要规范。市场经济以交换为特征，交换的目的是为了实现双方的利益，而正是双方对利益的平等追求，才促进了市场经济的发展。维护市场经济秩序需要规则，这些规则必须包含权利和义务双重机制，而不是只强调宗教的劝人行善或圣人之德的利他主义。在市场经济中，法律规则扮演着主导的角色。民主政治需要法律支撑，因为它崇尚社会主体的权利性精神，需要肯定个体人格独立平等、人身自由、权利自主的政治运作机制。道德规范和宗教戒律无法满足民主政治的需求，只有体现自由、权利、公平、平等的法律准则才能满足其需求。在以市场经济为主导模式、以民主政治为导向的当代社会，法律信仰是社会的主要信仰。法律，宛如一位智慧的导师，将生活经验和生存智慧精心打造成一套规则体系，作为人们行为的最低标准。它守护着人类生活的航向，将生命的冲动导入理性的河道。同时，法律也是一位仁爱的守护者，凝聚着人类对公平正义、仁爱诚信等永恒价值的追求。它将安全、自由、平等、人权和民主与宽容等常识、常理和常情熔铸为规则之身，照亮人们前行的道路。法律是现实生活中行动的基石，它不仅展示了人们预期前景的生活道路，让人们据此找到"安身"之本；更成为人们寄托情感和信仰的对象，成为社会正义的最后屏障，让人们据此找到"立命"之源。法律，是公平的尺度，是秩序的保障，是自由的基石。让我们尊崇法律，因为它是我们行动的指南，是我们生活的航标。在法律的庇护下，我们得以安身立命，得以追求更美好的未来。

2. 法治时代的法律信仰也意味着主体对信仰对象的由衷信赖和自觉追求

法律信仰，激发人民内心力量，而相信法律，方能彰显公平正义。法律作为规范，组织人间秩序；描述生活图景，展现人间善治；展现善的光辉，彰显人性光辉。法律用真实的力量，平衡人间的秩序。信仰法律是天理良心的呼唤，参悟法律精髓，方能持守正义之道；审视世俗规则，方能痛斥不公不义；时刻准备斗争，方能守护正义与良善；内心充满力量，方能坚定信念与信仰。

主体的法律信仰展现为对法律的深切信赖。这种信任，源自于内心深处的信念，如同明灯照亮前行的道路。法律信仰，是关于法律最高秩序规则的最核心观念的坚定信仰，是法治精神的灵魂。法律至上的信念，像一根红线贯穿于法律信仰的始终，它是组成法律信仰的信念体系的核心。当法律规则与其他规则发生冲突，或是权力的运作与法律运行出现矛盾时，法律至上的信念应当作为优先准则。这一核心信念在法律信仰中统领其他信念，并根据与最高信念的关系，确定其在一定信念位阶上，从而形成一个有序的信念体系。在实践之中，法律至上的信念应当如春风化雨，渗透到法治建设的每一个角落。

从另一面看，主体的法律信仰投射到他们具体的信仰行为上。信仰不仅是内心的想法，还需要通过实际行动来体现。信仰行为是信仰生活的一部分，能够展现信仰的外部特征和检验信仰的坚定性。人的行为受到信仰的指引，一旦确立了信仰，就会采取相应的行动来实现信仰所追求的目标。因此，通过观察个体的行为可以了解其信仰是否坚定。一个人的信仰不仅影响他的思想，还会影响他的行为。信仰是一种强大的力量，它能够驱使人们去行动，去追求自己认为正确的事情。通过观察一个人的行为，我们可以了解他对信仰的坚定程度。此外，信仰行为也是强化信仰的重要途径。当一个人反复实践某种信仰行为并形成固定的行为模式时，这种行为会逐渐成为他生活的一部分，成为他身份的一部分。这种行为模式不仅能够帮助个体更好地理解自己的信仰，还能够使个体产生一种神圣感，进而坚定自身的信仰。

法律信仰的培育，依赖于法律所承载的价值观，以及个体对法律的信任和尊崇。当法律能够引发个体强烈的敬畏与信任之感，也就是神圣感时，法律信仰的内在情感才会应运而生。因此，法律信仰是信仰主体与信仰对象的和谐共生。而法律促成对其自身神圣性的信念，不仅源于物质、客观、有限和理性的利益考量和现实需要，更在于对超越社会功利的真理和正义的信仰。只有个体对法律产生高度的认同和敬仰，体会到法律是内心信念的忠实表达和外在行为的最佳规范，是引导人们走向真、善、美的明灯，法律信仰才能得以形成。伯尔曼强调的这种统一性，人们只会尊重那些他们认为属于自己的法律。而要让人们真正感受到这种归属感，法律需要通过其庄严的仪式与传统，以及那不容置疑的权威，再加上普遍性的原则，来触发并唤醒他们对整个生活的意识，对终极目的及神圣事物的深刻意识。只有这样，人们才会真正感受到法律的庄严与神圣，从而心甘情愿地遵守它。

（二）法律信仰的实质

信仰是一个人的基本态度，是他的全部体验中不可或缺的一部分，它塑造了人的性格特性。信仰赋予人们力量，直面现实，不再怀抱不切实际的幻想，而是坚定地依靠信仰生活。这不仅是对某些事物的信仰，更是一种内心的态度。这种态度在每个人的生活中都占据着重要的位置，尤其是对于法律从业者来说，更是不可或缺的一部分。他们对法律的信仰，展现出对法律神圣性的态度和稳定的形态，这是法治人格的核心和标志。这种信仰在人们的生活中扮演着重要的角色，它不仅是内心的支柱，更是行动的指南。

1. 法律信仰是统摄法律人素质要素的无形纽带

法律从业人员以其独特的内涵素质，彰显着与其他领域专业人员的不同。前几章中，我们深入探讨了法律人应具备的知识、技能、思维、道德等素质要素。然而，这些素质要素需要一种力量来整合，那就是信仰。正是信仰，塑造了法律人独特的精神气质，具体原因如下。

第一，法律信仰为法律人提供了一个将各种法律认识统一起来的法律观，接受法律信仰就意味着接受了一种对"法律世界"的完整性的说明。"法律世界"无外乎涵盖对象性的法律客观世界和主体性的法律主观世界，前者是法律作为人认识对象的法律客观存在；后者则是人自身对法律认识的主观存在。法律信仰是建立在法律客观存在与主观存在的统一基础之上的，法律科学化程度和主体对法的一种心悦诚服的认同感。因此，接受了法律信仰，我们就能将人们对法律的认识和对主体的体验（认知、情感、意志）统一起来，使主体形成明确而稳定的法律观。

第二，法律信仰为法律人提供了一面明镜，用于判断行为善恶。这面明镜高悬头顶，将各种分散的信念和价值观凝聚为一体，形成了一个有逻辑、有系统的价值观念体系。它如同一个罗盘，为法律人指明了方向，规范着他们的一切行为。在这个框架下，法律人的行为得以更加规范、更加合理，从而更好地维护社会的公正与公平。在社会生活中，一个人往往形成或接受各种信念和价值观，这些价值观在人们的内心零散地或矛盾地存在着，使人的行为无所适从。法律信仰的作用就是将这些零散的信念和价值观在不同的层次上组织起来，成为一个有序的价值系统，确保法律人行为的自觉性、一贯性和一致性。

第三，法律信仰是法律人心灵沟通的璀璨纽带，它凝聚了法律人的团结之力，将法律人紧紧联结成一个共同体。法律信仰为法律人提供了共同的理想和信念。有了共同的理想信念，法律人就有了共同的价值目标和价值取向，法律人的法治热情就会发生汇聚而相互激励；法律人就有获得了基于共同的知识和原理而形成的共同的思维方式和技能；法律人也因此而能够自觉地共同遵守着职业纪律。这些方面结合起来就是一种巨大的凝聚力，它是法律人为法治事业奋斗的力量源泉。以公正与公平的理想和信念为坚强的纽带，共同追求着法治的崇高事业。法律信仰为法律人照亮了理想与信念的道路，正是这种共同的理想与信念，让人们有了共同的价值目标和取向。我们的法治热情如火山般喷涌而出，相互激励，相互鼓舞。我们以公正的理想为指引，共同努力，汇聚成推动法治进步的强大力量。在法律信仰的照耀下，获得了基于公平正义的共同知识和原理，塑造了共同的思维方式。我们严守职业道德，自觉遵守纪律，用实际行动捍卫着法治的尊严。这种力量如同一股强大的凝聚力，将我们紧紧团结在一起，形成了为法治事业奋斗的坚定信念。

2. 法律人的法律信仰是法治最坚固的支持系统

法治大厦的支撑力量来自两个方面：硬件支持系统即法律制度和软件支持系统即法治精神。硬件系统是法治大厦的骨架，软件系统是大厦的血肉和灵魂，二者之于法治无疑居于不可或缺的地位。但恰恰是法治的精神条件即法治的"软件"系统才非常深刻地反映了法治的内在意蕴、精神气质与性格。法治的这种精神气质又是整个社会的精神、情感和意识的反映和表达，而构成整个社会的精神、情感和意识的无疑是那生活于社会之中的、全体社会公众的普遍的、共同的精神、情感和意识。而法律人的法律信仰是法治精神的集中体现，也是法治的最坚固的支持系统。

法律人是推动法治建设的重要力量，他们对于法律制度的运转和实施起着至关重要的作用。法律人的素质直接关系到法律制度的优劣和实效，也影响着民众对法律的信仰和遵从。法律人应该具备高尚的职业道德和信仰，对法律怀有敬畏之心，并始终保持对法律的忠诚和信仰。他们应该积极推动法治建设，促进司法公正和公平，为社会的和谐稳定和人民的福祉贡献自己的力量。在实践中，法律人应该始终以维护人间秩序、实现法律价值为职业追求，不断探索和实践新的法律理念和方法，提高法律制度的科学性和公正性。他们应该始终关注社会现实和人民需求，积极参与社会公益事业，为社会的进步和发展作出贡献。同时，法律人也应该具备坚定的信仰和责任感，永不停息对于现世法律的怀疑和批判。他们应该时刻保持对人性之恶的警觉，对权力保持警惕，关注弱势群体的权益，关注人类命运的悲剧，为人类的福祉和进步而努力奋斗。因此，法律人的信仰是一种高层次的信仰，是理性的信仰，也是法治的最加固的支持系统。只有坚定的信仰和高尚的职业精神，才能使法律人在推动法治建设和维护社会公正中发挥更大的作用。

法学教育对法律人法律信仰的培植就是对法律人法治人格的塑造。法治人格的塑造是法学教育的核心目标，它涵盖了多个方面的特质，如主体意识、权利意识、参与意识、平等意识、宽容态度、法治观念、义务观念、理性精神等。课程设计在唤醒这些意识方面起着关键作用。法律信仰是法治精神的核心，只有真正信仰法律，人们才会自觉地遵守和维护法律权威。法学教育的目标不仅是传授法律知识，更重要的是培养具备法治人格的法律人才。这需要通过各种教学方法来实现，如课程设计、实践活动、案例教学等，以提升学生的法律职业道德、职业操守、社会责任感和公民意识。综合运用这些方法，我们可以有效地培养学生的法律信仰，塑造具有法治人格的新时代公民。这将为法治建设和社会进步作出重要贡献。

二、法律信仰形成的外在条件

法律之所以被人们所信仰，其根本在于它自身的合理性和正义性。它能够满足人们对公平、秩序和人权的追求，这种信仰对象的理性化对信仰主体起着重要的启示作用。虽然理性化并不一定等同于科学化，但科学化必然包含理性化。如果法律作为人造客体具有科学性，那么对它的信仰将使主体更加理性化。因此，法律的科学与否是关键因素之一，而法学教育在推动法律专业化和科学化方面发挥着不可忽视的作用，为法律信仰的建立提供了有力的支持。

伯尔曼在《法律与革命》这部具有里程碑意义的著作中，深入阐述了早期法学院在推动法律科学发展方面的重要作用。他主张，法律科学正是在这些法学院的土壤中得以萌芽和成长。如果存在一门真正的法律科学，那么它必定是对法律材料的科学研究，形成关于法律的科学知识体系。在 11 世纪末至 12 世纪，法律活动的参与者们逐渐在早期法学院的氛围中，展开了对法律素材的系统化研究，并积累了丰富的法律知识。这些研究为法律活动奠定了坚实的基石，使其成为一门严谨的科学。这些宝贵的活动都是在早期法学院中得以实现的。因此，伯尔曼宣称："科学——也就是学术——源自教学，而非相反。"

（一）法学教育的法律认知机制

1. 法学教育与法律认知关系的实证考察

法律认知是人们对法律这一领域进行深入了解和认识的过程，它涵盖了人们对法律的认知、理解、掌握等多个方面。人类对法律的理解和领悟不断深化，推动了法律科学和人性化的发展，同时也促进了社会法治水平的提升。自法律成为社会生活的秩序规则以来，它就成为了人们认识活动的重要对象之一，彰显了法律在社会发展中的重要地位。据史料记载，早在西方的古希腊、古罗马时代，以及东方的春秋战国时期，法律就已经成为人们感受和认识的对象。随着社会的进步和历史的变迁，法律经历了多次沉浮，最终在人类社会生活中占据了主导地位。人们对法律的认识活动也越来越频繁和深入，其认识成果逐渐形成了一个系统化的知识体系，即法律科学。回顾法律认识活动的历史，法学教育在推进法律认识活动、保存和传递认识成果方面发挥了重要作用，使法学研究更加系统化和科学化。

法学教育，在东西方文明中都扮演着举足轻重的角色。无论在西方还是东方，法学教育的繁荣与辉煌，都与人类对法律认识的深化和飞跃，以及法学的繁荣与辉煌紧密相连。古罗马法学的繁荣背后，除了其先进的法律制度和职业法学家集团的作用，更离不开诸如罗马、贝鲁特、君士坦丁堡等法律学校的贡献。这些学校在培养法律人才、传播法律知识、推动法学研究等方面，发挥了无可替代的重要作用。韦伯在他的研究中指出，这些法学学校的教学和出版工作，极大地推动了罗马法学的技术发展，同时对其科学性进行了升华。尽管在概念的精确性上，罗马法的技术最初很大程度上是经验性的，但随着时间的推移，它逐渐变得更具理性，找寻中世纪古罗马法的复兴原因，离不开波伦亚等早期法科大学的推动，这是古今学者达成的共识。近代以前的各种法学流派和名家、名著都是在这样的历史背景下诞生的。这些法学教育机构不仅培养了大量的法律人才，推动了法学理论和法律制度的发展，更为罗马法学的繁荣做出了不可磨灭的贡献。

这种独立的法律教育机构在历史上发挥了重要的作用。它们不仅为法学界培养了大量的人才，还通过对法律技术和理论的研究，推动了法学的发展和进步。这些机构的存在及兴盛，不仅与法学的发展密切相关，也与社会的进步和文明密不可分。中世纪古罗马法的复兴离不开法科大学的推动，近代西方法学的快速发展与其法学教育的蓬勃兴起密不可分。法学教育成为法律知识的核心，承担传承、传播和阐释人类法律智慧的重要职责。法学教育是法学发展的基石，在当代西方仍然得到充分体现。然而，中国古代法律教育从未获得过独立地位，导致法学学科未形成。19 世纪末 20 世纪初，随着中国现代化进程和思想启蒙，西方法律和法学进入中国，独立法学教育机构，如京师大学堂设立的法科、法律学堂等的创立，极大地促进了中国法学的发展。至此，法学在中国成为一门独立的学科。

2. 法学教育的法律认知机制

法学教育引领法律科学化的进路在于使人对法律认识理性化的独有机制。这种独有的机制表现为教学和科研两方面。

法学教育的教学机制对于推动人类法律认识的理性化进程至关重要。其贡献主要表现在以下三个方面。第一，跨越历史的鸿沟，法学教育的教学机制搭建了一座连接过去与现在的桥梁。这座桥梁让我们得以领略人类法律认知的深厚历史，感受每个时代智慧与理性的独特印记。它勾勒出人类认知法律曲折而光辉的征程，展示了人类法律认知的思想脉络，为理解当下、预见未来提供了重要的视角。这座桥梁仿佛一束明灯，照亮了探索法律世界的道路，引领走向更加美好的未来。第二，实现对自然法与实在法认识的统一。自然法与实在法的二元论是人类法律思想中的一颗明珠，它作为评判实在法的尺度，引领着实在法的发展潮流。法学教育不仅教授实在法的知识，更传播应然法的价值理念，让我们对法律的理解更加深刻，对法律的世界更加向往。第三，实现国内法与国外法认识的统一。法律，这一普遍存在的行为规则，跨越国界，纵横世界。不同国家的法律犹如一道道独特的风景线，相互间描绘出法律的多样性。为了形成对法律的理性认知，不仅要深入了解本国的法律，更要拓宽视野，掌握其他国家的法律知识。法学教育一直在努力推动这方面的教学：从早期将罗马法作为普遍规则的传递，到民族国家兴起后关注国内法，再到经济全球化趋势下强调外国法和比较法的教学，都是法学教育在不断适应和发展中的体现。总的来说，法学教育的教学机制在推动人类法律认识的理性化进程中发挥了关键作用，通过连接历史与现实、整合应然法与实然法、统一国内法与国外法的认识，不断深化对法律的理解和认识。

法学教育在推动法律认识的飞跃中扮演着关键角色。通过科研机制的推动，法学教育能够为教学提供传播和吸收的创造成果，为高水平的教学提供系统、科学的理论支撑。科学研究与法律的发展和完善是相互促进的。通过科学的探索和分析，我们可以不断丰富和深化对法律的理解和认识，从而推动法律知识向更高的水平发展。同时，法律的进步和完善也可以反过来促进科学研究的进步和发展，使得科学研究更加具有系统性和科学性。法学教育中的科研机制对于推动法学的繁荣和进步至关重要。在科学研究的推动下，法学教育机构能够得到滋养，同时也能够推进法学的繁荣和进步。法学教育作为现代大学的重要组成部分，需要用科学的精神来激发生机，以实现法学教育的可持续发展。通过科研机制的推动，法学教育能够为法律领域培养出更多的优秀人才。这些人才将具备扎实的法律理论基础和广阔的法律视野，能够更好地为法律实践和社会发展作出贡献。因此，法学教育中的科研机制是实现法学教育目标的重要手段之一，也是推进法学教育发展的重要动力。

（二）法学教育的法律批判精神

法律科学化一方面依赖于对法律的理性认识；另一方面也离不开法律批判精神的推动。

法学教育所培育的法律怀疑精神，是推动法律理性化的可能性条件。这种精神积极质疑现有法律并寻求修补和完善，它是法律主体深化法律认识的重要推动力，也是法律科学化的重要前提。谢晖教授对此有深刻独到的见解，他精辟地指出，法律怀疑精神是主体提出完善法律的新思路、新方案的基础，同时也是在认识–批判的反复过程中，法律认识得以深化的重要因素。因此，我们应该积极培养和激发法律怀疑精神，以推动法律的进步和发展。

1. **学术自由——法律批判精神形成的外在条件**

法学教育引领法律科学化的一条进路在于为法律批判精神的张扬提供学术自由的外在空间。

学术自由，这一神圣的理念，赋予了学者们无畏的勇气，去探索未知的领域，去挑战既定的真理。它是学者们的灯塔，照亮他们前行的道路，也是他们的盾牌，保护他们免受外界的侵扰。在早期的体制中，学校通常由单个教师或一种单独的理论所统治，而大学则不同，教授们可以自由地采纳相互对立的观点。在当时尽管没有形成学术自由的观念，但相对来讲，大学里或多或少地存在着学术自由的气氛。据学者对波伦亚的法学家们和巴黎的彼得·阿伯拉尔的学术自由和独立性的考察，他们能够自由地表达对罗马法规定的观点，并能够对抗主教或皇权。这种学术自由和独立性是欧洲各大学自始就把自身确立为教育机构的原因之一。此后几个世纪的大学在政治与宗教两种权力的夹缝里艰苦地寻求学术空间，直到17世纪科学研究进入大学，学术自由的观念从而在大学里萌发。随着资产阶级民主法治的确立，学术自由获得了制度上的保障。这种学术自由和独立性是现代大学的重要特征之一，也是推动学术发展的重要因素之一。

在当代社会，学术自由的合理性通常基于三个观点。

第一，认识论观点：学者们应该用心去探索真理，确保学到的知识既准确又正确。第二，政治观点：学术自由和言论自由是紧密相连的，高等学府作为社会上获取新知识的重要地方，应该被看作是了解世界和利用资源来改善我们生活的重要途径。第三，道德观点：学术自由，这一闪耀的理念，为公众利益点燃了明灯。高等学府，作为社会新知识的摇篮，应该被视为通向多彩世界的桥梁，利用丰富资源来点缀我们的生活。每个人追寻真理，不仅因为真理在认知和政治领域的价值，更因为人们对道德责任的坚守。

从认识的角度来看，学术自由是发展知识、追求真理的必要条件。学术自由，是学术界赖以生存的空气和土壤，它赋予了学者们无尽的可能，去探索、去发现、去创新。在大学的校园里，教师们被赋予了学术自由，因为这是他们能够尽情舞蹈、传授和探索真理的舞台。学术自由所营造的宽松氛围，为知识的蓓蕾提供了孕育和绽放的土壤，更为学者的批判精神注入了生命力。在法学教育的殿堂中，学术自由同样是一盏明灯，照亮了法学家们前行的道路。它为法律人提供了独立思考、深入探索的空间，使他们在自由的环境中能够对各种法律学说和理论进行深入剖析和批判。这种自由的探索和论辩，就像火花碰撞，不仅激发了法学的独立和发展，更为法学领域的思想交流和交融搭建了桥梁。在法学史的长河中，许多令人瞩目的法学派别如繁星般闪亮登场，它们在自由的学术天空中熠熠生辉。这些派别的代表人物，许多都是或曾经是法学教授，他们的思想在大学的学术自由中得以孕育和发展。这些法学派别的繁荣和发展，不仅丰富了法学领域，更为人类社会的法律进步奏响了动人的乐章。

因此，学术自由对于大学和法学教育的重要性不言而喻。一所大学如果不能为学者们提供充分的学术自由，那么它就无法尽到自己的责任。在法学教育中，只有通过自由的探索、论辩与批评，才能培养出杰出的法律人才，推动法学领域的进步和发展。

2. 认识与怀疑——法律批判精神形成的内在力量

法学教育自产生以来，一直以其独有的认识和怀疑双重机制推动着法律认识的理性化、科学化的进程。或者说，法律认识与法律怀疑是法学教育推动法律科学化的两种内在力量。科学的发展史证明了认识与怀疑是两个不可分割的发展动力。认识的起点是怀疑，哲学上的怀疑目的在于达到无可怀疑的真理。正如笛卡儿所说，法的认识在于摒弃表面的松土和沙砾，追求深藏的岩石和沃土。人类对法的认识也是从怀疑开始的；而在每一个新的发展阶段，都会产生新的怀疑。旧的怀疑被消除，新的怀疑又基于新的社会现实而产生。这种认识的反复推动着人类对法的不断认识和探索。

在法科大学教育的早期阶段，一种独特的教学方法浮出水面：将分析融入综合教学之中。这种方法以某些经典法学著作为导向，将这些著作视为权威，并视其为构建全面、完整法律体系的基石。但颇具讽刺意味的是，这种方法并未忽视这些文本可能存在的缺陷与矛盾。因此，如何对这些文本进行深入剖析、补充缺失的部分，以及调和矛盾，便成为了这种教学方法的核心任务。在 12 世纪，这种教学方法被冠以"辩证"之称，意在矛盾中寻找和谐与平衡。时至今日，法学教育对法律科学的贡献，依然依赖于我们掌握法律认知和法律怀疑这两种力量。一方面，法学教育通过传承和积累法律知识，帮助我们深入理解法律的内涵；另一方面，法学教育则鼓励我们进行批判性思考，激发创新精神，推动法学的发展。这种微妙的平衡使得法学教育既是法律传统的守护者，又是法律革新的驱动器。

法学教育在人类法律认识活动中扮演着重要的角色，它不仅是法律认识活动进行、深化、飞跃的场所和动力，还为法律信仰的形成提供了知识的滋养和法律精神的支撑。因此，我们可以坚定地认为，法律之所以能够被人们虔诚地信仰，是因为它始终向着科学化的方向迈进，而这个进程离不开法学教育的强大推动。无论是回首漫长的历史长河，还是审视当今社会，法学教育都以其举足轻重的角色，塑造并引领着法律迈向科学化的进程。

三、法律信仰形成的内在条件

法律信仰，乃法律科学之灵魂，深蕴主体性与对象性。人心之智，在文化之熏陶下，形成自主之能，判断、掌握事物规律，此乃理性化。此理性化，呈现于对法律之神圣与制度之坚信，亦存疑于法律之完美。正如谢晖教授所言，法律信仰当为理性之信仰，和谐于现代社会主体法律信仰与法律怀疑精神。信与疑，二力并行，塑吾人之态度，更铸吾人之能力。此能力，于专业化法学教育等后天条件中滋长。法学教育，孕育法律信仰之内核，信心与疑虑并存。此信心与疑虑，赋予吾人自主之能，为法律信仰赋予主体性。这种能力是在接受专业化的法学教育等后天的种种条件中发展起来的。

相信与怀疑，这两者如影随形，在矛盾中孕育出统一。从产生的机制来看，相信的种子早于怀疑的芽苗，因为怀疑是对相信的否定，是一种理性的反思力量。在法律领域中，主体对法律的神圣性和对法律是否完美的积极质疑需要以下条件：第一，主体需要精通法律知识，这是对法律理解和认识的基础；第二，主体需要具备相应的意识，这是对法律原则和精神领悟的前提；第三，主体需要对法律精神有深刻领悟，这是对法律本质和内涵的理解和把握。这三方面的条件恰恰是当代法学教育的根本目标，旨在培养具有理性思考能力和批判精神的法律人才。

（一）法学教育为信仰能力的形成奠定知识基础

法律信仰是一种理性信仰。理性是与非理性相对的一个命题。我们之所以说法律信仰并非盲目的冲动，而是基于法律科学并经过法律科学证明的结论，理性而审慎地信任法律的权威和力量。法律信仰与知识特别是法律知识紧密相连，就如同树干与树枝的关系。知识是信仰形成的根基和支撑，只有深入理解和掌握法律知识，才能使信仰更加具有科学的确证性。回溯西方的知识传统，那些精通法律知识的学者们，他们如同明灯一般照亮了人们前行的道路。从欧洲大陆中世纪的阿佐、阿库索斯、巴尔多鲁，一直到近代的普芬道夫、萨维尼，他们无一不是大学讲坛上的璀璨明星。他们用法律知识构建起了一座座宏伟的知识殿堂，使人们能够在其中寻找到属于自己的信仰。在当代社会，法学教育如同一座座桥梁，连接着过去和未来，沟通着知识和信仰。它是人们获取法律知识的主要途径，也是培养和塑造法律信仰的重要摇篮。法学教育的重要性不言而喻，它让人们更加深入地理解和掌握法律知识，为建立和维护公正、公平的社会秩序奠定了坚实的基础。法学教育，作为培养法治社会核心人才的重要途径，肩负着传授法律知识、塑造全面法律知识体系的神圣使命。这不仅是知识的传递，更是信任与怀疑能力的培养，为法律信仰的种子在学生们心中生根发芽提供了肥沃的土壤。只有充分了解法律，才能产生深深的信任，而这种信任，正是我们进一步反思和质疑的基石。法学教育，为培养具备高度专业知识和技能的法律人才提供了坚实的基石，激发他们的热情，让他们在追求真理的道路上勇往直前。

（二）法学教育激发信仰意识，推动法律信仰的形成

所谓信仰意识是人的自我意识的一部分，是人对自己信仰的认识。信仰意识是信仰形成的推动力。从信仰意识发展的逻辑来看，信仰意识包括初级发展阶段和高级发展阶段。初级发展阶段表现为单纯的相信意识，高级发展阶段则表现为一种反思意识。法律信仰意识的形成、发展也表现为从自发到自觉、由低级到高级的过程。

首先，法学教育启蒙学生的相信意识。法学教育在培养学生的法律专业意识方面，扮演着至关重要的角色。通过多种途径，法学教育使学生深刻意识到，他们将成为法律共同体的中坚力量，承载着法律事业的未来。法律不仅是他们行为的标准，更是他们评判世间是非曲直的准则。这种教育能够启迪学生对法律的信任和尊重，激发他们的法律意识，从而更好地履行法律职责并为社会的法治建设作出贡献。

法学教育促进初级信仰意识向高级信仰意识的转化，激发学生的反思意识，培养学生独立思考的能力，旨在培养实践操作者和法学家及理论工作者，通过平等对话和讨论展开探索，养成理性思考习惯，为法律信仰意识的形成奠定能力基础。法学教育对于培养学生的独立思考能力具有重要意义。在学术自由的氛围中，学生能够激发对法律的深入思考，形成对法律的批判性思维。这种批判性思维不仅有助于学生理解法律知识，还能够培养他们的法律素养和独立思考能力。在法学教育中，教与学的内在机制也是培养学生独立思考能力的重要手段。通过教师的引导和激励，学生能够学会从多个角度思考问题，形成自己的见解和观点。这种独立思考能力不仅有助于学生在法律领域取得成功，还能够为他们在其他领域的发展奠定基础。法学教育的另一个重要方面是培养学生的反思意识。这种反思意识涵盖了对法律信仰对象即

法律的深入思考以及对法律信仰主体自身的审视。具体来说，前者表现为对法律是否完美的质疑和批判，即法律怀疑精神；后者则是对自身作为法律信仰者的自我反思。这种反思意识有助于学生理解法律的本质和价值，并为法治建设作出贡献。法学教育应当以培养具有独立思考能力的法律人才为己任，通过平等对话和讨论，帮助学生形成理性思考的习惯，为法律信仰意识的培养奠定坚实的能力基础。在法学教育的熏陶下，学生将逐渐具备独立思考的能力，从而在实践中能够灵活运用法律知识，成为推动法律进步的中坚力量。法学教育不仅是知识的传授，更是对法律信仰意识的呵护和培养。

四、法学教育为法律信仰能力的形成提供目标、依据

法律信仰的形成，依赖于每个人的深入理解与自我反思，以及对自身信仰的准确把握。这种信仰象征着人们对法律价值和自身价值的坚定追求，如同明亮的灯塔，照亮我们前行的道路。只有当我们每个人内心深处解决了法律为什么值得信仰，以及作为法律人自身为何要树立法律信仰的问题之后，理性的法律信仰才可能得以在我们的生活中萌发。法学教育在解决这两方面问题中起着无可替代的作用。一方面，法学教育在当代社会中扮演着非常重要的角色，它是培养法律人才的主要途径。法学教育不仅传承着人类文明进化的知识，还传播着法学知识中所蕴含的秩序、正义、自由等法律精神。这些法律精神的传承和弘扬对于建设法治社会、维护社会稳定和促进社会公正具有重要意义。这些法律精神的传承和弘扬，对于建设法治社会、维护社会稳定和促进社会公正具有重要意义。法学教育通过培养法律人才，使他们具备法律素养和法律意识，能够更好地服务于社会，为社会的和谐稳定作出贡献。另一方面，法学教育还承担着培养法律信仰的重任。通过法学教育，可以引导学生树立正确的法律观念和价值观，增强他们的法治意识和社会责任感。法学教育可以帮助学生理性看待法律问题，培养他们对法律的信任和尊

重，使他们成为社会主义法治建设的积极力量。通过法学教育，还可以鼓励学生积极参与社会实践，拓宽视野，提高综合素质，为他们的未来发展打下坚实的基础。因此，法学教育在解决这两方面问题中发挥着不可替代的作用。我们应重视法学教育的发展，提高法学教育的质量和水平，为培养更多优秀的法律人才和推动社会主义法治建设贡献力量。

第三章

我国法学教育改革的路向

第一节　法学教育价值观的重构

从某种程度上讲，迄今为止的我国法学教育的百年历史，就是一个在培养对象的内在品质塑造价值的探索中坎坷前行的历史。而每一历史阶段法学教育价值目标的确立都来自特定的法学教育价值观。

一、我国法学教育价值观的特点

宏观考察我国法学教育发展的历程，可以将我国法学教育价值观的特点概括为以下三个方面。

第一，近百年的法学教育发展史没有形成一种横贯古今的主导价值观。法学教育在历史长河中经历了清末和民国两个时期的发展。在清末时期，政法学堂承袭了日本法学教育的传统，旨在满足当时社会上希望通过学习法律入仕的人们的需要。随着时间的推移，到了民国时期，法学教育应时代的需求而产生，成为了一种能够满足法律职业从业者需求的机构。在这个时期，法学教育的价值观表现出了两大法系影响并存的特征。例如，东吴大学主要受到英美法系的影响，在教学过程中注重对英美法的学习；而朝阳大学则受到了大陆法系的影响，更注重对法典的学习。这些学校各自体现了不同的法学教育特色，但都为当时的法律职业领域培养了优秀的人才。而新中国成立之初的法学教育又是在苏联的强烈影响下，以全新的教育观念、模式取代已有的法学教育观念、模式。法学教育的目标定位于"培养专政人才"和"掌握刀把子人才"。法学教育主要是满足新政权灌输社会主义意识形态的需要，为了满足新生政权对"政法工作干部"的需要。20 世纪 80 年代以后，改革开放使法学教育获得了独立发展的新契机。同时，树立什么样的教育价值观问题也成为法学教育界讨论的焦点。

第二，法学教育价值观滋生于工具主义法律观的土壤之中，并受其强烈影响。工具主义法律观植根于强调社会等级、宗法制度和忠君孝悌的正统封建思想，将法视为役使臣民的工具，镇压人民的手段。在我国，有着几千年历史的工具主义法律观根深蒂固，即使在西方法学的权力制约、保障公民自由和权利等现代法律观传入中国以后，还长时间地、潜移默化地发挥着广泛的影响，包括法学教育领域。工具主义法律观对法学教育的影响表现为对培养对象的"政治素质"的强调。例如，清末的政法学堂是附设于"课吏馆"之内的"仕学速成科"，担负着对在职文官的培训之责。遵循"以忠孝为本""以经史之学为基"的教育宗旨。新中国成立后，培养"掌握刀把子人才"的观念一度是法学教育的主导思想。这一时期的法律专业教学方案，旨在培养具备高素质的政法工作人员，强调了政法工作人员应当具备的素质，包括热爱祖国、拥护社会主义、愿意为人民服务等。此外，还规定了法学教育应该注重理论联系实际，培养学生的独立思考能力和实践技能。法学教育不仅要让学生掌握法律知识，更要让他们理解法律的本质和作用，树立正确的法律观念和职业操守。通过这种方式，才能培养出真正优秀的政法工作干部，为社会主义事业服务。

第三，法学教育价值观对理论素养和职业素养吸收的偏误性。我国法学教育存在一些问题，其中包括过于注重对成文法则的讲授和依赖注释及案例结合的方式进行实用技能训练。这种教育模式导致学生缺乏对法律规则背后原理的理解和创造方法的掌握，同时也忽视了对与法律相关的人文知识的教育。这种教育模式与清代幕府中的师徒传授方式相似，只是希望学生能够成为咬文嚼字地办理诉讼案件的刑名师爷。为了改变这种状况，法学教育应该更加注重对法律规则背后的精深原理和法律规则创造方法的学习，同时也要加强与法律相关人文知识的教育。此外，注释和案例结合的方式虽然可以作为实用技能训练的一部分，但不能将其视为全部。应该提高实习等实践课程的教学质量，以更好地训练学生的实践能力。

二、法学教育价值观重构的时代必然性

法学教育观念，若能与时俱进，契合法律"工具主义时代"的独特需求，那么在今日这个"权利法律化"的新纪元，这种教育价值观念反而成了法学教育进步的阻碍。面对着这个社会发展的主流趋势，即社会法治化、经济全球化和知识化、发展可持续化，我们迫切需要重新构建法学教育价值观，让法学教育更加贴合时代的发展，更加吸引人们的关注。

（一）法学教育价值观的重构是知识经济时代的必然

知识经济是依托于人类最新科技和知识精华为基石，一种涵盖、超越、左右有形及无形财富的经济形态。在知识经济的年代，任何发展都以知识作为基石，所有的财富都是知识的转化。知识这一基础性的地位使创新成为知识经济时代的精神，也是法学教育发展的动力。法学教育的创新首要的是教育价值观的创新：变重知识传授轻技能培养、重文本讲解轻实践技能培训、重法条注释轻法律原理揭示、重教师讲授轻学生自主学习、重考试轻能力、重考试分数轻素质提高的被动型的教育价值观为主动型教育价值观。因此，以学生内在素养为核心，将理论素养和职业素养价值观创造性地结合起来，全面实现法学教育对知识、技能、思维、道德和信仰的价值是知识经济时代的迫切需要。

（二）法学教育价值观的重构是社会法治化趋势的必然

在当代中国，法治化已呈不可逆转之势，它如同大潮汹涌，势不可挡。

法治国家这一理念，已经深入人心，成为我们心之所向的理想国度。它更是推动中国社会发展的持久动力，犹如长河灌溉，润泽着万顷良田。然而，建设法治国家并非一蹴而就，除了构建各种制度性的"硬件系统"，更需要确立一种精神层面的"软件系统"，即法治精神。其中，对法律至上地位的认同、权利平等观念的树立，以及法律思维方式的培育，如同驱动法治制度性硬件良性运行的引擎。有如孙晓楼先生所言："一国法律教育的得失，关系到国家法治的前途。"这一金句，犹如明灯照亮前路，指引着法学教育的繁荣。法学教育的繁荣，将如同丰厚的文化土壤，滋养法治国家的根基；将如同强大的精神动力，推动法治国家的建成。它激发着我们的热情和信念，让我们坚定地迈向法治的理想之境。法治对法治精神培育的需求，决定了法学教育必须要实现教育价值观的转换，摆脱意识形态和官学化观念对学生政治素养的过度重视，树立以人为本、培养全面发展的治国之才的新型教育观。

（三）法学教育价值观的重构是可持续发展的必然

面对人口爆炸、资源匮乏、环境恶化等问题，可持续发展成为了人类生存、经济发展和社会进步的关键战略。它的核心内容涵盖了三个方面。第一，可持续发展强调整体发展，即以全局的视角对生态系统、经济系统和社会系统进行整合，确保它们之间的协调发展。这意味着需要全面考虑环境、经济、社会等多个方面，促进它们的平衡和协同进步。第二，可持续发展强调持续发展，即在追求经济发展和社会进步的过程中，不能超出资源和环境的承载能力。这确保了未来的世代也能够利用和享受这些资源，实现可持续的经济发展和社会进步。第三，可持续发展强调公平发展，即要公平利用自然资源，合理分配财富，承担环境保护的责任和义务。这需要处理好当前与未来、今人与后人、人类与自然之间的关系，实现代内公平、代际公平，以及人类对自然的公平。为了适应可持续发展的需求，需要培养具备广博的环境、经济、社会知识，以及良好的组织协调能力的法律人才。这些法律人才将秉持持续性经济和社会发展意识、社会公正意识及伦理道德意识，推动可持续发展的实施，促进经济、社会和环境的协调发展。法学教育必须更新观念，以培养具有可持续发展所要求的权利观念、公平观念、秩序观念，能够协调经济、环境、人口、社会等可持续发展的高素质的人才为宗旨。

（四）法学教育价值观的重构是全球化趋势的必然

全球化是指在全球范围内，各种形式的沟通、联系和相互影响正在不断增强和深化。这一进程超越了民族、国家、地区之间的界限，使得世界各地的交往变得更加密切和频繁。从多个领域来看，全球化的领域广泛多元，经济、政治、文化、社会、法律等各领域相互交织，形成了全球化丰富多彩的内涵。中国融入全球化进程，以加入 WTO 为里程碑，标志着中国在全球化的舞台上迈出了决定性的一步。这一过程不仅深入中国的经济领域，更涵盖了文化、教育、法律等多个领域，带来了更广泛的碰撞、借鉴及融合。在全球化浪潮面前，我国法学教育唯有重构教育观念，才能适应全球化的趋势，并在全球化进程中有所作为。

三、法学教育价值观的重构

从上述分析中我们看到，知识经济、社会法治化、可持续发展和全球化浪潮对当下法学教育的挑战集中表现在对人才素养价值观的挑战。这些挑战促使两大法系的理论素养和职业素养的价值观逐渐接近，也使得我国法学教育价值观的重构任务变得十分紧迫。为了应对这些挑战，法学教育必须实现其核心价值，包括但不限于知识、技能、思维方式、职业道德、信仰等方面。因此，我国法学教育的价值观需要得到重构，以更好地适应时代的需求和未来的发展。具体表现在以下五个方面。

（一）素质教育价值观

法学教育应以培养高素质法律专业人才为核心理念，将素质教育思想贯穿到专业教育中，并注重提高受教育者的素质。法学教育在法治建设中居于基础地位，承担着为法治提供智力支持和人才支撑的任务。只有树立素质教育的价值观，才能培养出具备人文素养、专业知识和实践能力的法律职业共同体，为维护社会公平正义、促进法治建设作出贡献。

（二）人权教育价值观

人权一般是指属于人的或关于人的权利，是人作为人应当享有的、不可无理剥夺或转让的权利。人权是当代社会最高形式和最具有普遍性的权利。法学作为"神事和人事的知识"自然将人权囊括为自身研究的一个重要领域和学科发展的重要方向。德国学者卡尔·恩吉施曾说过："几乎没有一个其他的文化领域比法律更近地关乎人类。所以，存在着与诗歌、与艺术、与音乐没有活生生关系也能生存和生存着的人类。但是，不存在不处在法律下而生活，一直与法律无关，不受法律调控的人。"因此，关注人权、保护人权是当代法律的根本任务，也是每一个法律人应当具有的崇高理念。法学教育树立人权教育价值观，将人权保护的思想纳入教学的过程之中，进而培养学生的人权意识，造就人权的忠实捍卫者是摆在我国法学教育面前的迫切的现实任务。

（三）共同体教育价值观

法律职业共同体承载着独特的专业知识和技能，他们通过共享理念和职业操守，为社会提供高效、公正的法律服务。这个共同体的形成和发展是法治建设的重要支柱，他们不仅在组织上维系着法治的运行，同时也对公众的法律意识和法治观念产生积极的影响。法律共同体的存在对于法治理想的实现具有至关重要的意义。在历史的长河中，法律职业共同体的形成与法学教育密不可分。法律职业共同体由法官、检察官、律师等组成，他们共同努力，以维护社会公正和公平。法学教育在这一过程中扮演着关键的角色，它为法律职业者提供了必备的理论知识和实践技能，帮助他们更好地为社会服务。因此，法学教育的使命是培养出优秀的法律人才，为法律职业共同体的发展作出贡献。同样，法学院的学生们就像那个聪明的人，他们在法律的丛林里可能会有一时的迷茫，只有通过不断学习、探索和反思，才能找到恢复视力的方法，才能真正成为法律职业共同体的一员。

这个比喻描绘了法学教育如何帮助学生从对法律世界的茫然无知，通过专业训练，获得解读法律世界并与其他法律专业人士达成共识的能力。法学教育强调学生应专注于学科所要求的内容，而避免分散注意力。这意味着在学习的过程中，需要关闭一些感官和直觉，尽管这是一个痛苦且不自然的过程。然而，这种专注是法律职业共同体的范例得以发展的关键。法学教育价值观是建立法律职业共同体的基石。如果法学教育没有树立正确的价值观，各教育机构采用不同的办学理念，教师聘用采用不同的资格，办学资格没有统一标准，那么所培养的学生，其知识背景、职业技能、思维方式乃至品德、人格方面将大相径庭。因此，为了建立法律职业共同体，必须从法学教育开始。重构法学教育价值观，建立统一的法学教育机制是法律职业化的必然要求。

（四）开放型教育价值观

全球化浪潮加强了全球联系，法学教育应面向世界，培养具有国际意识和开阔胸襟的法律人。开放型教育价值观，重视比较法的研究和教学，有助于法学自身的完善与发展。超越本国现实法律规范的科学研究是必要的。当前，随着我国对外开放步伐的加快，法学教育所面临的国际化趋势势不可挡，跨国界、跨民族、跨文化的多边交流与合作日益频繁。开放型教育价值观是为适应教育国际化发展趋势而出现的新型教育价值观。为了适应这种开放型教育价值观，法学教育需要采取多种方式进行国际化。首先，应当加强国际法的教学，让新生代的法律人熟悉和掌握国际法的基本原则和规则。其次，应当重视比较法的研究和教学，比较研究不同国家的法律制度和文化背景，加深对法律现象的理解和认识。此外，还应当加强国际合作，开展跨国界、跨民族、跨文化的多边交流与合作，促进法学教育的国际化进程。同时，我们也需要认识到，国际化并不是一味的西方化或者美国化。我们需要保持本国法律的特色和传统，同时吸收和借鉴其他国家和地区的优秀法律文化和制度。只有这样，我们才能培养出既具有国际视野又保持本国特色的优秀法律人才。

（五）人本主义教育价值观

人本主义教育价值观以学生的道德修养和人格塑造为核心，致力于培养具有独立思考能力、批判性思维和自我发展能力的人才。这种价值观强调人与人之间的关系，以及情感交流的重要性。在教育目标上，人本主义教育价值观不仅关注知识的传授，更重视学生的全面发展和个性特点的发挥。它鼓励学生通过自我探索和实践，逐渐形成自己的认知和价值观，而不是简单地接受现成的规则和体系。在师生关系方面，人本主义教育价值观强调师生之间的平等、合作和互动。教师不再是单纯的知识传授者，而是成为学生的指导者和伙伴，与学生共同探索、学习和成长。这种教育模式注重培养学生的批判意识和怀疑能力，鼓励学生对于权威和既定规则进行反思和挑战。同时，人本主义教育价值观还强调对于人性和人类价值的关注。它认为每个人都具有独特性和价值，应该受到尊重和关注。在教育过程中，应该注重学生的情感和心理健康，帮助学生建立积极的自我形象和自信心。此外，人本主义教育价值观还强调培养学生的社会责任感和公民意识，使其成为具有人文关怀和社会担当的未来人才。总之，人本主义教育价值观是一种以人为本、注重人的全面发展和情感交流的教育理念。它旨在培养具有独立思考、批判性思维和自我发展能力的高素质人才，为社会的进步和发展作出贡献。

第二节　知识传授的误区及调整方式

一、知识传授的误区

传统上，传授知识一直被认为是我国法学教育的核心任务。从教学目标拟定、课程设置到课堂教学的各个环节，几乎都是围绕知识传授这一中心而展开的，通过知识传授我国也确实培养了一批一批的法律学子。然而，我们需要理性地分析我国法学教育中存在的知识传授误区，并采取相应的措施进行调整。

（一）专业知识与通识知识的矛盾与阻隔

近年来，通识教育在培养学生的人文素质方面的重要性已经得到了政府和法学教育界的广泛认同。各法学院校对通识课程的设置，以及通识知识的传授都给予了足够的重视。然而，目前存在的一个普遍问题是，将对学生人文素质的培养简单地等同于通识课程的灌输，这并没有达到提高学生人文素质的真正目的。一方面，知识爆炸和专业化的需求使得通识教育的空间变得非常有限。在现有的学分制下，通识教育受到了严重的束缚。这种情况不仅在中国存在，也在其他国家普遍存在。另一方面，尽管很多大学开设了人文方面的课程，但实际教学效果却并不令人满意。受工具主义法律传统的影响，大学教育一直被视为培养工具型人才的摇篮。在这种环境下，法学专业只是众多狭窄专业中的一种。这种过度强调法学专业性的环境，导致学生从一开始就将认识视野局限于专业知识范围，从内心排斥通识知识。很多学生并没有认识到人文知识的重要性，只是把这些知识当做获得学分的手段，当做客观化的知识记忆，而并没有真正将其内化为自己的智慧。在这种状况下，要实现培养具有较高人文素质的法律人才的目标，就显得非常困难。

（二）重规范知识轻方法知识

我国法学教育过于注重法律规范知识的传授，而忽视了法律原理等其他方面知识的重要性。这种现象不仅表现在课程设置上，也反映在教学内容和教学方法上。许多法学教育者过分强调对法律条文的解读和注释，而忽略了培养学生的理论思维和理论基础。这种现象的原因之一是，很多人把法学看作是一种工具理性，将其视为改变自己生存状况的一种手段。在这种观点下，法理学等课程被认为过于抽象和一般化，无法直接应用于法律实践，因此被轻视甚至忽略。然而，这种"条文主义法律教育"不仅限制了学生的视野和思维方式，也无法培养出真正优秀的法律人才。相反，我们应该更加注重法理学、法史学、法社会学等学科的教学，这些学科能够帮助学生建立扎实的理论基础和广阔的知识视野，提高他们的理论思维能力和综合素质。因此，我们应该重新审视现有的法学教育模式，适当调整课程设置和教学方法，注重培养学生的理论思维和理论基础，以培养更多具备创新能力和综合素质的法律人才。这就是以规范知识为中心的教学定位所带来的危害。

（三）国内法知识与外国法、比较法知识配置不尽合理

自建国以来，我国的法学教育在选择国内法知识和外国法知识等资料方面，经历了两个主要阶段。在第一个阶段，从建国初期到文革前，法学教育以苏联为模板，主要讲授苏联法学并采用苏联教材。在这一阶段，法学教育的知识资料主要以苏联法律理论为主，而外国法律知识资料只是少量地、批判性地选用。在第二个阶段，随着改革开放的逐步深入，外国法律知识在法学教育中的比重有所增加。然而，总体来看，国内法知识与外国法、比较法知识的配置仍然不尽合理，学生的视野受到很大限制。这种状况不利于全球化时代开放型法律人才的培养。为了改善这一状况，法学教育需要进一步改革和完善，适当增加外国法知识和比较法知识的比重，拓宽学生的视野，培

养具有国际视野和跨文化交流能力的法律人才。

（四）价值知识的边缘化地位

长期以来，我国法学教育一直以事实知识为主导，价值知识处于边缘地位。在现有的知识教学中，价值知识与事实知识的比例严重失调，导致法律职业伦理教育或价值教育几乎空白。造成这种状况的原因可以归结为以下三个方面。

第一，随着科学技术的迅速发展，客观化的、具有极强操作性的科学知识在社会中的地位日益提升，成为知识的典型形态，而价值知识的地位则相反。美国学者贝拉认为，价值知识的边缘化地位的原因是在"科学知识的文化范典"下，价值系统及观念被视为不是"知识"。社会科学和自然科学一样，都强调"客观性"，认为解决社会问题的本质主要是技术性的，而非道德性或政治性的。但是，我们应该认识到，高等教育不应该只关注技术问题，也应该重视伦理教育，培养人们对于好的人生和社会的认识。通过加强伦理教育，可以帮助人们更好地理解什么是好的社会和好的人生，从而促进社会的和谐与进步。

第二，受我国文本主义教育传统的影响，在教学中专注于规范条文的注释，而对于事实知识所蕴含的价值则是常常被人们忽视的问题，因此，很少有人主动开掘事实知识之中所隐藏的价值内涵。

第三，法律职业伦理规范的不成熟、不完备，是法学教育中至今没有专门的旨在训练学生职业道德修养方面的课程的客观原因。在我国，人们对法律职业规范意义的认识只是最近几年才开始的，有关法律职业道德准则的出台也是近些年的事情。因此，法律职业伦理作为一种知识还没有成熟的理论体系，自然价值知识在教学中就成了可有可无的内容。法学教育的现况，可以从人们内心深处将法官与传统的刑名师爷联系起来，以及将律师等同于刀笔讼师的教育根源来解读。只重视规范知识，忽视价值知识的文本主义的教育模式所培养出来的学生或许只关注一堆抽象的规则和规章，或者说他们只知道尊敬法律，而遗漏了他人是作为完整的、真正的人这一现实，同时也丧失了自身对善恶判断的能力和对正义孜孜不懈追求的精神动力。

二、知识传授误区的矫治

我国法学教育需要解决知识传授过程中的一些问题，因为学校的知识配置直接关系到学生的知识结构和法学教育的核心目标，即培养高水平的法律人才。为了实现这一目标，必须关注并解决法学教育中存在的知识传授问题。根据前面对现存问题的分析，笔者认为，矫治现存误区主要应该从以下四个方面入手。

（一）专业知识与通识知识的融合

我国法学教育应注重通识知识课程的质量和数量，以培养学生的人文精神。将非专业知识融入专业教育，能够促进专业知识和通识知识的交融，消除学生对通识知识的轻视心理。解决过早进行专业划分的问题也是实现这一目标的有效措施之一。这样可以更好地塑造学生的人文精神，提高他们的综合素质。

赫钦斯，这位美国当代著名教育家，赫钦斯的观点不仅富有洞见，而且具有很强的前瞻性，曾对过度重视大学专业划分的现象进行过深入剖析。他详细地揭示了这种做法的弊端，并提出了一项富有针对性的解决策略——减少专业划分。他主张将大学的主要教学内容分为三个主要部分：形而上学、社会科学和自然科学。相应地，他将大学划分为三个学院：形而上学学院、社会科学学院和自然科学学院。他预测，未来的牧师将毕业于形而上学学院，律师将毕业于社会科学学院，而医生与工程师则将毕业于自然科学学院。同时，他还提倡未来的哲学家将在形而上学学院孕育而生，行政官员、法官、立法人员、政治家和公共事务专家将在社会科学学院涌现。而那些毕生致力于科学探索的人才则将在自然科学学院培养。赫钦斯的观点在于通过强调全面教育训练，包括形而上学、伦理学、政治学、经济学等学科的学习，以提升职业人员的能力和素质。这种教育思想对于我国法学教育中存在的"有学识、无教养"问题具有启发性，即通过拓展学生的知识领域来提升学生的综合素质，而非仅关注专业知识的传授。尽管笔者对于赫钦斯否定专业（职业）训练的大学自由教育思想并非完全赞同，但是他重新定义大学专业观对于解决我国法学教育中存在问题的建议具有一定的借鉴意义。

（二）提升方法知识在法学教育中的地位

为了纠正法学教育中的误区，需要加强对方法知识的重要性和地位的认识。虽然方法知识本身不具有直接的实用功能，但它为具体案件处理提供了理性依据，使得解决问题的理由更加成立，更容易说服人。因此，在法学教育中，应当注重培养学生的法律思维能力和法律素养，而方法知识是实现这一目标的重要途径之一。

德沃金在《法律帝国》这部杰作中，深入探索了法律的一般理论，以及它与法律实践之间千丝万缕的联系。他强调，法律的一般理论就像我们对社会正义和道德伦理的一般理解一样，必然是抽象的。这些理论旨在揭示法律实践的主要特点和基本结构，而非过分关注具体的法律实践细节。这些理论除了具有抽象性外，还具有指导性的阐释力，它们全面阐述整个法律实践，并在寻找最佳解释以解读实践的过程中保持平衡。因此，在法理学和其他任何法律实践方面之间，无法确立一个固定的界限，法哲学家们就每个法律论证所需的一般要素和解释基础展开了争论。从另一个角度来看，任何具体的法律论证都采用了法理学提供的某种抽象基础。然而，当这些不同的基础产生矛盾时，法律论证只能选择其中一个基础而排除其他。这如同在茫茫大海中，只能选择一条航线，尽管其他航线可能同样充满诱惑，但我们必须坚定地驶向目标。

法官的独特见解是法哲学的重要组成部分，即便在哲学被隐蔽、人们只能被引证和一系列事实支配的情况下，也始终如一。法理学作为判决的重要基石，同时也是依法判决的必要前提，它阐明了法律一般理论在判案或法律实践中的重要性。在司法实践中，解决涉法问题的方式大多理性、理智和富于说理，而解决问题的过程实质上是解决者运用特定的逻辑思维形式，根据法律规定来论证某个行为正当与否的过程。在这个过程中，法律职业者的理性思维能力是创造性地适用法律的关键。历史上杰出的法官和律师都充满智慧、具备卓越的理论思维能力和理性的智慧。因此，要获得这种能力，需要通过学习法理学等方法知识来提升自己的素养，展现自身的吸引力。法律从业者需要不断深化对法律判断力的哲学、历史、经济、国际、社会基础等知识的理解，这些知识能够为其提供更全面的视角，帮助其更准确地分析和解决法律问题。理论知识的学习能够提升法律工作者的专业素养和独立思考能力，使其在实践中进行更严谨、更有效的思考，并形成准确的法律判断力。理论知识的学习还能够培养法律工作者的文化素养和责任意识，使其成为具有全面素养的法律人才。因此，法学教育应该注重方法知识的学习和应用，这不仅在成文法国家中具有重要意义，在判例法国家中也同样重要。赫钦斯指出，法理学应成为法学教育的核心，但常被认为像法学史一样是边缘学科。最好的实用教育是最具理论性的，需要原则而非资料和常识。法律条文层出不穷，掌握所有法律条文是徒劳的。因此，法学教育应将法律理念、原则、精义等作为教学核心，才能使学生掌握基本、稳定要素，洞悉法律及其发展规律，养成灵活运用法律的智慧。

法律方法知识，以其根本性、超越性和批判性，在法学教育中占据着举足轻重的地位。它就像一把通向独立思考之门的钥匙，帮助学生开启智慧之门，有条理地解读新的法律问题，寻找到正确的答案。理论知识性的教育，能够为他们提供足够的力量，应对现代法制的变化和挑战。理论知识性的教育，将避免培养出只会机械适用法律的实证主义者，而是鼓励培养出有文化、能够独立思考、行动有责任意识、通才型的法律人才。因此，大学教育的目标应当聚焦于那些具有代表性的知识，这些知识就如同"代表"了被教学计划所忽略的知识，它们是具有"转换性"的宝藏。重视方法知识的教学，提升方法知识在法学教育中的地位，是我们纠正知识传授误区的重要使命。

（三）加强外国法、比较法和国际法的教学

自法学教育诞生以来，国内法、国际法、外国法等众多知识领域之间的主导选择，一直是备受关注的问题。在不同的社会历史背景下，法学教育的方向也经历了巨大的变迁。早期的法学教育注重传授罗马法这一超国家性质的语言和方法，以适应商品经济的发展和政治统一的趋势。这种国际性的法学教育知识资料，赋予了法律学问超国家的特性，散发着独特的魅力和吸引力。法学教育是培养法律人才的重要途径，随着民族国家的兴起，其知识观念也发生了转变。原先占据核心地位的普适主义法律知识观逐渐被国家主义的法律知识观所取代。在这种背景下，国内法知识在法学教育中占据了重要地位。但是，随着国际经济一体化的推进和政治交往的日益频繁，法学教育开始认识到仅限于国内法知识的局限性。因此，外国法、比较法、国际法等方面的知识在教学中的比重逐渐增加。

近年来，随着中国改革开放的深入推进，人们已经逐渐认识到法学教育在资料上的封闭性和单一性已经不再适应时代的需要。为了应对这一挑战，一些法学教育机构开始重视外国法、比较法和国际法的教学，以培养具备国际视野的法律人才。在这方面，中华人民共和国国家教育委员会所确定的法学教育的 14 门共同核心课程中，包括了国际法、国际私法和国际经济法，这进一步体现了对外国法等知识资料的重视。在这方面，中华人民共和国国家教育委员会确定的法学教育核心课程中，确定了 14 门共同核心课程，包括了国际法、国际私法和国际经济法，这体现了对外国法等知识资料的重视。然而，总体来看，对外国法等知识资料的重视程度不足，还有很大的提升空间。为了培养具备国际视野的法律人才，必须加大外国法知识资料的比重，这也是中国与世界接轨对法学教育提出的必然要求。

（四）赋予价值知识在法学教育中应有的地位

我国法学教育在配置事实知识和价值知识方面存在偏差，导致无法满足法律职业对理性思维和人文精神的需求。因此，需要摆脱教条主义的知识观念，深入理解事实知识的内涵，注重法理精神的培育，同时明确价值知识对塑造法律人格的重要作用，并将其纳入知识传授的范围。法学教育的目标不应仅限于帮助学生掌握法律知识和技能，而应更加注重培养学生对法律、对社会、对人类的正确认知和态度。还应激发学生的法律职业意识，培养独立思考、分析问题、解决实际问题的能力，并引导理解并掌握法律职业伦理规范，培养道德意识和职业操守。法学教育应注重对学生创新思维和批判性思考能力的培养。通过设计合理的课程和教学方法，可帮助学生掌握法律职业所需的专业知识和技能，同时培养他们的价值观念和人文精神，才能真正培养出符合社会需求、具备综合素质的法律人才。当前需关注并解决的重要问题是：如何有效地将价值知识融入到课程设置和教学方法中，使学生能够真正将其内化于心并体现在行为上。应探索新的教育模式和方法，注重实践性和创新性，以适应时代的需求和法律职业的发展。

第三节 技能训练的缺漏及补救措施

一、技能训练的缺乏

中国法学教育始于西学东渐时期，深受西方两大法系影响。清末法学教育模式呈现出多样化特点，包括模仿英美法学教育模式、欧洲大陆法系法学教育模式，以及日本法学教育模式。在 20 世纪初，各地纷纷建立法政学堂，主要采用日本法学教育模式。中国的法学教育，一路走来，历经了多次变迁。始自英美的法学教育模式，继而转向日本，再到新中国成立后的苏联教条主义和法学教育培养目标，这一路走来，既积累了丰富的经验，也留下了深刻的教训。尽管我国的法学教育系统地传授了法律知识，但同时也忽视了法律理性的思考。这种教育模式过于注重知识的灌输，而忽略了对学生法律实践技能的培养。这就好比一个人只学到了理论，而没有掌握实践的技巧，难以真正发挥出所学的知识。同时，尽管教育目的是培养法律实践的专门人才，但教育过程却缺乏对学生法律实践技能培训的环节。这种教育模式使得学生难以将所学知识应用到实践中，无法满足社会对法律人才的需求。为了改善这种情况，我们应该加强实践环节的教学，提高学生的法律实践技能。

我国法学教育缺乏对法律技能训练的重视。在法学教育中，我们往往把重点放在了法律理论知识的传授上，而忽视了对学生法律技能的培养。这就导致了许多学生虽然掌握了一定的法律知识，但在实际操作中却无法有效地运用法律技能解决实际问题。为了改变这种状况，我国法学教育需要加强对法律技能训练的重视。第一，在课程设置上应该增加法律技能训练的课程，如法律文书写作、法律谈判、法律诉讼实务等。第二，在教学方法上应该采用更加灵活多样的方式，如案例分析、模拟法庭、法律诊所等，以便更好地培养学生的法律技能。除此之外，法学教育还需要注重培养学生的综合素质。法律职业需要具备扎实的法律理论知识，但同时也需要具备良好的语言表达、沟通协调、逻辑分析等能力。因此，法学教育应该注重培养学生的综合素质，以便更好地适应法律职业的需求。我国法学教育在培养学生的法律技能方面还存在一些问题。为了提高法学教育的质量，我们应该加强对法律技能训练的重视，采用灵活多样的教学方式，注重培养学生的综合素质。只有这样，才能培养出更多具备实际操作能力的法律人才。

我们的教育体系缺乏对法律技能训练的足够重视。摩根教授明确指出，技能训练在法律教育中具有至关重要的地位。法律职业生涯中，技能不仅是不可或缺的元素，更是塑造学生个人成长和社会进步的关键力量。即使是那些没有机会实习的教师，也可以通过教授学生如何运用法律知识、如何进行高效沟通等基本技能，帮助学生提升技能水平。当然，这些实用技能并非只能通过法律学校获得，但学校可以为学生奠定坚实的基础，并鼓励他们在未来的职业生涯中不断加强和完善自己的技能。我国法学教育存在与法律职业的长期脱节问题，导致法律人才培养方案中缺乏技能训练环节。尽管法学教育包括实习环节，但短短几个月的实习对于法律技能的培养是远远不够的。在实习过程中，学生主要是以观察者的身份去听、去看，去协助法官、检察官、律师等办理案件，处于配角的地位。同时，实习过程也缺乏教师必要和有效的指导和监督。因此，实习课并不具备一门正式课程所应有的条件，也无法达到一门正式课程所应达到的教学目标。因此，法学教育应该注重培养学生的实际操作能力，加强技能训练环节，让学生在学习过程中能够更好地掌握法律技能，提高法律素养和职业能力。

综上所述，为了解决这个问题，应该加强法学教育中的实践技能训练环节，完善实习制度，并建立上岗前的职业训练制度。在实践技能训练环节中，应该注重培养学生的实际操作能力，让他们有机会亲身参与案件的处理和辩护，积累实践经验。同时，应该建立有效的指导和监督机制，确保实习过程的质量和效果。通过加强实践技能训练和建立上岗前的职业训练制度，可以提高学生的法律技能水平和社会认可度，促进法学教育与法律职业的衔接。这将有助于确保法律制度的有效运行，并提高法律职业的社会地位和影响力。

二、技能训练缺漏的弥补

我国的法学教育模式需要进行有效的改革，以实现法律技能训练的目标。为了弥补技能训练的薄弱环节，必须对法律人的养成教育模式进行全面的改革，包括法学教育阶段的实践教学改革和法学教育后培训制度的设立。实践证明，这种改革是必要的，也是可行的。通过改革，可以培养出更多具有实践能力和创新精神的法律人才，为我国的法治建设作出更大的贡献。

（一）诊所法律教育的引进与整合

诊所法律教育起源于 20 世纪 60 年代的美国，现已被世界各地的法学院校广泛成功地引进。这种教学方式已经让许多国家受益，包括拉丁美洲、东欧、澳大利亚、新西兰，以及南亚的尼泊尔、印度等国家和地区。通过诊所法律教育，学生们能够直接接触真实的法律案例，为真实的客户提供法律服务，从而获得宝贵的实践经验。这种教学方式不仅提高了学生的法律技能，还增强了他们的社会责任感和职业道德意识。因此，诊所法律教育已成为当今世界法学教育中不可或缺的一部分。诊所法律教育对学生法律技能训练的价值得到了普遍的认同。基于我国传统法学教育模式缺乏技能训练机制的弊端，一些大学开始采用诊所式法律教学模式，其中包括中国人民大学、北京大学、复旦大学、华东政法学院、武汉大学和中南财经政法大学。经过几年的实践，学生们通过这个平台，实践能力得到了显著提高。因此，诊所式法律教学模式应该成为弥补我国现有法学教育模式缺陷的重要途径。从目前来看，我国诊所法律教育处于刚刚起步阶段，因而其特点可以归纳为以下五点。

1. 规模有限

诊所法律教育虽然在我国的一些院校得到了一定的发展，除前述七所学校外，中山大学、西北政法学院、四川大学也相继开设了法律诊所课程，但从法学教育的总体来看，诊所法律教育的规模还是很有限的。诊所法律教育模式在我国法学教育领域还没有普遍展开。另外，接受诊所教育的学生人数在开设法律诊所教育的院校中也只占少数。

2. 探索期

诊所法律教育在我国尚处于初步发展阶段，各开设法律诊所课程的院校仍在不断探索适合中国国情的可行模式。例如，北京大学启动诊所法律教学方式以来，经历了三个阶段的尝试。第一个阶段是将诊所法律教育项目作为传统实习的替代品，学生在三个月的时间内全天参与课程的讲授和法律实践工作，尝试进行一种全日制的诊所教育模式；第二个阶段是将诊所教育与机构见习方式相结合的模式，将参加诊所学习的学生分别安排到一个律师事务所进行办案见习；第三个阶段是完全自主的诊所教育模式，形成了诊所法律教育和实体的法律诊所相结合的法律诊所教育模式。

3. 受重视程度不够

尽管受到传统法学教育观念的束缚，许多人并未充分领悟到诊所法律教育的深远意义，也未深入探索其内在规律，从而缺乏尝试推行法律诊所教育的热情。相比之下，传统的法学教育模式更受重视，却难免显得单调乏味，无法满足现代社会对法律人才的需求。

4. 资金来源有限

目前开展法律诊所教育的院校的资金主要来源于美国福特基金会的资助。这种实践性强的教育模式需要一定的经费支持，以确保教育的质量和效果。除了利用校内固定场地和基本设施外，还要走向社会，因此，一定数量的教育经费是开展法律诊所教育的基本条件之一。在资金方面，除了美国福特基金会的资助外，还可以通过其他途径寻求资金支持。例如，可以与企业或社会机构合作，共同推动诊所法律教育事业的发展。此外，可以通过宣传和推广诊所法律教育的意义和价值，吸引更多的社会资源投入该领域。在教育模式方面，除了实践性强的特点外，诊所法律教育还可以注重培养学生的法律思维和职业道德。通过引导学生参与真实的案件处理和法律事务，培养学生的法律实践能力、独立思考能力和职业操守。同时，可以在教学中注重理论联系实际，加深学生对法律理论和实践的理解和掌握。从目前开展诊所法律教育的十几所院校的情况来看，在引进诊所法律教育的项目时，校方并未立即认可并予以经济上的支持。而且目前的高等教育管理体制也使得诊所教育在短期内无法真正融入主流教学体制之中，因而难以获得学校教学经费的支持。综上所述，通过多渠道筹措资金和注重理论与实践相结合的方式，可以推动诊所法律教育事业的发展，为社会培养更多优秀的法律人才。

5. 整合期

诊所法律教育模式是一种从域外引入的优秀教学模式，如何将其巧妙地融入我国的法学教育体系中，是当前面临的重要问题。我国法律诊所教育正处于与本土法学教育体制的整合阶段，这一过程让我们的法学教育更加丰富、全面和立体。通过借鉴和吸收诊所法律教育模式的精髓，我们的法学教育将会更加完善，更具有时代性和现实性。让我们期待这一模式的成功引入，为我国的法学教育事业注入新的活力和动力。

基于我国法律诊所教育的特点，笔者认为当前发展我国法律诊所教育的主要任务有以下五点。

第一，正确认识诊所法律教育的作用。本书致力于深入探讨诊所法律教育在我国的引入、发展及其对提升法律人素养的重大作用。我们应该明白，诊所法律教育并不是与传统法学教育相互排斥的，而是为我国法学教育的改革与完善提供了新的机遇。根据国外经验，诊所法律教育在职业技巧和职业道德的培养方面具有显著效果，但在法律人其他素养教育方面的作用则有待提升。因此，我们需要不断反思并改进诊所法律教育模式，以完善学术性教育，并平衡其与职业性教育之间的关系。通过这种方式，我们能够更好地培养法律人才的素养，为社会的发展作出更大的贡献。

第二，推广诊所法律教育经验，扩大发展规模。诊所法律教育在我国的发展历史较短，且规模有限。一些法学院校可能对这种教育模式感到陌生，因此可能会产生畏惧心理。为了使诊所法律教育能够在我国得到更广泛的推广和应用，加强对这种教育模式的理论研究和实践经验总结显得尤为重要。

第三，充分开掘法律诊所建设所需的各种资源。法律诊所教育所需要的资源是多方位的，涉及有兴趣和经验的教师队伍这一人力资源；长期稳定的活动资金、固定的活动地点、多元化的教学资料和设备等物质资源；相关机关、部门的配合和丰富的社会资源。人力资源是法律诊所存在的关键前提，物质资源则是法律诊所有效运行的坚实基础，社会资源则为法律诊所的持续发展提供了重要保障。诊所法律教育所需要这些人力资源、物质资源和社会资源的获得相对于传统法学教育模式更为困难。就人力资源来说，创办法律诊所首先需要有一批热衷于诊所教育、有丰富的诊所教学经验的教师队伍。我国传统法学教育体制下培养的教师对于法律诊所教育模式是陌生的，我国各法律院校中这方面的资源可以说很有限。就活动资金这一物质资源来讲，目前国内法律诊所所需要的前期资金主要借助外援，但诊所运行所需要的后续资金则是法律诊所必将面临的突出问题。另外，法律诊所教育要求学生广泛参与法律实践，相关机关、部门的支持与合作尤为必要。法律实务界在支持法律诊所教学时面临着巨大的挑战，在当前的法律教育环境中，法律诊所的学生们在与法律实务界的频繁互动中，汲取着丰富的实践经验和基本技能。然而，由于立法机构、司法机构或律师协会的行政规定并未给法律诊所课程提供足够的空间和支持，他们很难在繁重的职务工作中抽出足够的时间和精力来助推法律诊所的教学。因此，充分挖掘和利用各种有利的资源，成为了推动法律诊所教学发展的一项重要而紧迫的任务。

第四，不断完善法律诊所教学课程评估体系和管理体系。法律诊所教学是一种不同于传统法学教育的新型教学方式，它具有独特的特点和运行规律。在法律诊所教学中，学生们通过实践操作来学习法律知识，接受专业的法律训练，提高自己的法律技能和职业素养。这种教学方式强调学生的主动性和实践性，注重培养学生的创新思维和实践能力。在法律诊所教学中，学生们需要面对各种新的问题和挑战，需要不断探索和创新，以适应不断变化的社会需求和法律职业要求。因此，法律诊所教学是一种具有重要意义的法学教育方式，有助于培养高素质的法律人才，推动法律事业的进步和发展。例如，在法律诊所教学中师生的关系如何？学生与当事人的关系如何？法律诊所教学在哪一个时间进行比较妥当？法律诊所教学应该选择哪些课程比较合适？法律诊所教学与传统的课堂教学的关系如何？怎样建立法律诊所教学的有效评估体系？这些问题涉及课程选择和设计、教学方法、教师的指导和课程的评估等一系列问题。显然，我国法律诊所在其起步阶段正面临着诸多难题。要克服这些挑战，我们需要不断地探索法律诊所教育的内在规律，并在此基础上逐步建立起一套完善的诊所教学管理体系和课程评估体系。这些努力将成为推动诊所法律教学走向成熟与发展的重要力量。

第五，加强诊所法律教学模式与传统法学教学模式的整合。法律诊所教学，这一引领法学教育潮流的全新模式，不仅为我国法学教育注入了新的活力，更推动着我国法学教育走向世界。要成功引入这一教学模式，关键在于将其与我国现有的法学教育体制有机融合，实现本土化。在传承和发扬传统法学教育的优点基础上，我国的法学教育应构建具有中国特色的、符合我国法学教育需求和社会法律服务需求的法律诊所教育模式。这一模式的建立，将有助于提高法学教育的质量和水平，培养更多高素质的法学人才，为我国法治建设作出更大的贡献。

（二）法律家培训制度的建立

诊所法律教育在我国被引进后，确实填补了我国法学教育在职业技能训练方面的不足，然而，仅接受法学教育是不足以完全培养出法律家的职业技能的。法学教育主要集中在体系和理论上，不可能完全承担职业技能训练的任务。因此，设立专门的司法培训机构作为法学教育后的衔接性制度是必要的，这将对高素质法律家的培养起到重要作用。通过专门的司法培训机构，可以进一步加强对法律职业技能的培训和锻炼，包括诉讼、调解、协商、谈判等各个方面。这种培训机构应该具有系统性和专业性，可以针对不同领域和案件进行专门培训，帮助法律专业人士提高职业技能水平，更好地适应法律职业的要求。此外，这种衔接性制度还可以作为法律专业人士继续教育和职业发展的重要平台。通过这种培训机构，法律专业人士可以不断更新自己的知识和技能，适应不断变化的法律环境和职业要求。同时，这种培训机构还可以为法律专业人士提供职业规划和发展建议，帮助他们更好地实现个人职业发展目标。总之，设立专门的司法培训机构作为法学教育后的衔接性制度对于高素质法律家的培养是必要的。这种制度可以弥补法学教育的不足，加强法律职业技能的培训和锻炼，促进法律专业人士的继续教育和职业发展。

目前，我国法律家培养的任务主要由法学教育来完成。为了完成这一艰巨而伟大的任务，各法学院校纷纷将改革的视角转向域外，试图借鉴"他山之石"，寻找到完成该任务的突破口。法律硕士的出现便是向域外学习的直接结果。源于美国一元化法律职业教育设置的主导思想是培养宽口径、通用型法律实务或与法律业务相关的人才，这一职业目标体现在课程设置、法学方法、论文指导、答辩委员会的组成等方面。在课程设置方面力图增强法律实务型课程；在教学方法方面强调案例教学、司法调研；在论文指导方面安排高级实务专家进行论文指导。但是嫁接在中国法学教育传统之上的法律硕士教育事实上并没有达到预想的目标。法律硕士教育对于非法学类背景的学生来说就是获取法学学历的一个渠道，获得快捷进入法律职业的一个途径；对于法学类背景的学生来说在很大程度上成为补充和提高法律职业者的知识水平的继续教育。法律硕士教育与美国法学院的 J.D.制相比，如果说学生的来源背景和教育层次还具有些相似性的话，在对学生法律技能的训练方面却显得大相径庭。法律硕士教育无论从课程设置还是教学方法都无法真正达到对学生法律职业技能训练的目的，法律硕士质量受到了质疑。笔者认为，基于现有的教学模式和教学传统，法学教育试图以自身的努力来完成法律家职业素质训练的目标是很困难的。

因此，为了解决法学教育与法律职业人才选拔和养成教育相脱节的问题，我们可以借鉴日本的经验，建立更为科学的法律家养成教育制度。具体而言，可以在法学教育阶段之后，设立专门的法律职业培训机构，负责对学生进行上岗前的职业培训，这些机构可以由法官学院、检察官学院等现有机构承担，或者设立新的法科大学院等。在培训内容上，可以涵盖法律理论知识、法律实务技能、职业素养等方面。通过这样的培训，学生可以更好地适应法律职业的要求，提高自己的专业素养和能力。同时，为了保障培训的质量和效果，可以建立相应的考核和评估机制。对培训机构的资质和教学质量进行评估，对参加培训的学生进行考核和评价，以确保培训的效果和学生的专业水平能够达到法律职业的要求。

综上所述，建立法律家职业培训制度可以弥补法学教育中技能训练的不足，提高法律职业人才的专业素养和能力，促进法律职业的发展和进步。

第四节　法律思维方式自觉培育的缺失及调整方法

一、法律思维方式培育的忽视

长期以来，我们国家的法学教育没有注重培养学生的法律思维能力，导致法学教育在法律思维方式方面的价值被忽视了。要分析这种现象的原因，可以从理论认识、知识传授的传统、教育制度、法律思维能力教育自身的特点等方面入手。

（一）理论认识方面的原因

近年来，学术界终于开始擦亮聚光灯，照射在法律思维这一深邃的领域。在我国坚定不移地推进法治建设的道路上，学者们逐渐认识到法律思维与法律制度规范作为孪生兄弟，是实现法治不可或缺的重要因素。郑成良教授对此有深入的阐述，他认为法治的实现不仅取决于一系列复杂的条件，更重要的是，需要与社会思想方式相适应。只有当人们能够自觉地、心甘情愿地按照法治的理念来思考问题时，我们的社会才会有与法治理念完全吻合的普遍的行为方式。然而，由于我们对法律思维的认识尚处在萌芽阶段，这方面的研究也主要停留在法律思维的形式上。至于如何培养法律思维能力的问题，目前还少有人问津。法学教育界对于学生法律思维方式的培养也才刚刚开始探索，对于如何有效培养法律思维能力的规律还在如履薄冰地摸索中。因此，能在法学教育实践中有意识地努力实现这一崇高价值目标的人可谓是凤毛麟角。

（二）传统方面的原因

我国的法学教育过于强调知识传授，以知识传递、记忆、考察为中心，课堂教学是主要环节，教学目标是让学生掌握教师所教授的知识，考试则是对学生知识掌握程度的测试和考核。这种教育模式被称为"教育银行"，学生成为储蓄所，教师扮演存款人的角色，发布官方公报，让学生们耐心接受、牢记和复述。这种教育方式缺乏互动和交流，学生处于被动地位，批判和反思能力得不到充分训练，导致"高分低能"现象的出现。因此，法学教育应该注重培养学生的思维方式，提高学生的法律职业素养。

（三）法学教育与法律职业脱节的制度原因

法学教育和法律职业在我国的脱节，导致法学教育过于注重理论知识传授，而忽略了法律职业所需的技能和思维方式的培养。苏力教授认为，造成这种状况的原因在于中国近代的法学知识体系和法学教育体系是从西方移植过来的，同时受到政治意识形态话语的影响，阻碍了法学走向经验研究和实证研究，阻碍了它从宏大的意识形态话语转向细致琐碎的职业技术话语。因此，法学教育应该更加注重实践技能和职业思维的培养，以更好地适应法律职业的需求。因此，我们需要加强法学教育与法律职业之间的联系，让法学教育更加注重法律职业所需要的技能和思维方式的培养，同时让法律职业更加依赖于正规法学教育的背景。只有这样，才能让法学教育和法律职业形成良性互动，提高法律职业的专业水平和社会的认可度。法学教育将一般理论知识作为主要教学内容，导致法学教育与法律职业分离。尽管司法体制改革不断深入，法学教育与法律职业脱节状况有所改善，但法学教育仍未完全摆脱封闭的理论体系，未能将法学教育与司法实践联系起来。为了解决这个问题，法学教育应该更加注重实践性的教学，将理论与实际相结合，让学生更好地理解法律知识，并且能够在实际操作中运用。同时，法学教育也应该更加关注经验型知识的教学，让学生能够积累足够的实践经验，培养出适应法律职业需要的法律思维方式。只有这样，法学教育与法律职业才能更好地衔接，为学生未来的职业生涯奠定坚实的基础。

法学教育应该注重实践教学，将理论知识和实践操作紧密结合，以培养学生的法律思维方式，帮助他们掌握解决实际问题的能力。实践教学可以帮助学生深入理解法律理论知识，并将其应用于实际案例中。通过模拟法庭、法律诊所、案例分析等教学方式，学生可以更好地掌握法律知识，提高法律素养。同时，法学教育也应该关注经验型知识的教学，让学生能够积累实践经验，更好地理解和应用法律知识。经验型知识是指从实践中总结出来的、与实际案例相关的知识。通过学习经验型知识，学生可以更好地了解法律实践中的各种情况和问题，提高解决实际问题的能力。只有当法学教育与法律职业相互衔接，注重学生实践能力和经验型知识培养的时候，才能培养出优秀的法律人才。法学教育的目标是培养具备高素质、高水平的法律人才，以满足社会对法律人才的需求。因此，法学教育应该注重实践教学和经验型知识的教学，以提高学生的实践能力和法律素养，使他们成为优秀的法律人才。

（四）法律思维方式价值目标本身性质的原因

法学教育的显性目标清晰可见，那就是传授知识。然而，其隐性目标却鲜为人知，那便是培养思维能力。与显性目标的实现相比，隐性目标的实现更加困难。显性目标的实现有客观的外在条件作为保障，例如，精心设计的课程计划、教科书和课堂讲解等，还有明确的检测手段。然而，隐性目标的实现则更加依赖于教育者的主观努力，特别是教师的积极态度、高超的教学艺术和克服困难的精神。这一特点使得从事法学教育的学校和从事法学教学的教育者更加注重显性目标，而隐性目标——法律思维方式的训练则成为了法学教育被忽略的价值。

二、调整的方向

（一）教学重心由传授知识向思维能力训练的转变

法学教育应当实现从知识灌输向能力培养的转变，这是当前法学教育最为紧迫的任务。知识的传授是法学教育的基础，但并不代表其全部。通过知识教学，我们应更多地关注学生思维能力的培养，帮助他们将外在的知识内化为自身的素质。赫钦斯曾经提到，理智的美德来自于理智能力的培养。无论学生未来选择何种职业道路，培养出独特的理智美德都会为他们带来长远的益处。因此，法学教育同样应当注重对学生法律思维方式的训练，将能力培养作为教育的核心目标。在法学教育中，教师应积极引导学生主动思考、分析案例、进行讨论和辩论。通过这种方式，学生可以逐渐培养出批判性思维和创造性思维，从而更好地应对未来工作中的各种挑战。此外，教师还应鼓励学生自主学习和自我反思，培养他们的自学能力和自我评价能力。在教学方法上，可以采用多种形式，如案例教学、模拟法庭、法律诊所等。这些方法可以帮助学生更好地理解法律知识，提高他们的法律应用能力和解决问题的能力。同时，我们还可以通过组织法律论坛、研讨会等形式，鼓励学生自主研究和探索法律问题，激发他们的创新精神和学术兴趣。

总之，法学教育应以培养学生的法律思维能力为重点，注重培养学生的批判性思维和创造性思维。通过改进教学方法和手段，引导学生主动思考、分析、判断和解决问题，为未来的实际工作做好充分准备。

（二）课程设置合理化

建立合理知识结构是形成法律思维方式的基石，因此，应从课程设置角度培养和提升学生的法律思维方式。只有构建科学、合理的知识结构，才能为学生奠定坚实的基础。法律思维的知识结构有其特殊性，在设计课程时，需要对专业与非专业、国内与国外的法律知识进行合理组合。同时，规则与方法、事实与价值、理论与实践等角度也需要适度搭配和相互融合补充。当前，我国各法学院系的课程设置在一定程度上存在偏颇，重视规则知识和理论知识而忽视方法知识和实践知识。这种偏颇的知识结构可能会影响学生法律思维方式的形成。因此，我们应该重新审视和调整我们的课程设置，以建立一个更为全面、均衡的知识结构，从而更好地培养学生的法律思维方式。

法律思维的形成需要理论知识和实践经验。陈金钊教授指出，法律思维的前见涉及三个方面：法律心理层次、法律理论层次和经验层次。在法律心理层次，思维者的法律态度、情态等非理性因素是重要因素。在理论层次，对法律概念、原理、规范的掌握程度是关键。在经验层次，思维者对法律生活的体验，如阅读案例数量、旁听审判次数、参加诊所式法学教育的经历等都会影响法律思维。因此，一个人的经验范围在很大程度上影响着法律思维水平。霍姆斯的著名论断也强调了经验对于司法活动的重要性。他认为，法官只有具有丰富的职业阅历，才能在规范与价值、特殊与普遍、过去与现在之间寻求解决社会纠纷之道，赋予法律以适应社会发展变化的新生命。因此，法学教育应重视学生对法律生活的体验，以培养其法律思维方式。

我国的法学教育过多地关注理论课程，而对实践课程的关注却明显不足。尽管在现有的教学实践中，为了深化对概念、原理、规范的理解，有时会参考一些案例，但这些并不能满足法律思维方式对实践知识的需求。因此，在课程设置方面，我们应更多地引入实践课程的设置，这是培养法律思维方式的迫切任务。我国的法学教育过于侧重理论课程，导致实践课程明显不足。尽管在现有的教学实践中，为了更好地理解概念、原理和规范，有时也会参考一些案例，但这些远远不能够满足法律思维方式对实践知识的需求。因此，在课程设置方面，我们应增加实践课程的设置比例，这是培养法律思维方式的迫切任务。当然，我国承袭的大陆法系法律传统决定了理论知识在法学教育中的主导地位，增加实践课程并不是要放弃理论教学，而是要保持两者的合理比例。这是我国法学教育改革的一种可行方法。

（三）教学方法的改革

法律思维方式是法律思维方式的软件系统，是法学教育的重要目标之一。为了更好地培养学生的法律思维方式，需要注重训练学生的思维能力。除了知识基础外，思维能力还受到多种因素的影响，包括文化背景、教育经历、个人性格等。因此，法学教育应该注重培养学生的自觉思维能力，通过各种教学方法和手段，如案例分析、角色扮演、讨论辩论等，引导学生积极思考、发现问题、分析问题、解决问题。同时，教师也应该注重培养学生的创新思维和批判性思维，鼓励学生提出自己的见解和解决方案，不断探索新的法律领域和问题。法学教育中，除了培养学生的法律思维方式外，还应该注重培养学生的职业道德和社会责任感。法律职业者需要具备高度的道德素养和社会责任感，才能够真正做到公正、公平、正义地维护当事人的合法权益。因此，法学教育应该注重培养学生的职业道德和社会责任感，通过各种途径和方式，如法律伦理课程、社会实践、志愿服务等，引导学生树立正确的价值观和职业操守。总之，法学教育应该注重培养学生的法律思维方式、思维能力和职业道德和社会责任感。只有这样才能够培养出高素质的法律人才，为社会作出更大的贡献。

法学教师在法律教育领域扮演着至关重要的角色。他们不仅是传授法律知识的中坚力量，更是塑造法治信仰、培养法律思维和引领社会法治进步的基石。为了更好地履行职责，法学教师需要具备扎实的法律理论素养和丰富的实践经验。同时，他们还需要具备高尚的道德品质和人文素养，以更好地引导学生树立正确的价值观和法治观念。在教学方法上，法学教师需要积极探索和创新，以更有效地传授知识和培养学生的能力。此外，他们还需要关注社会现实和法治发展，积极参与学术研究和法律实践，以不断提升自己的学术水平和专业素养。总之，法学教师在法律教育领域的作用不容忽视，他们的努力和贡献对于推动法治进步和社会发展具有重要意义。另一方面来说，教师挑选并运用适当的教学方法是一项不可或缺的任务。正如夸美纽斯这位杰出教育家的名言，教学的艺术在于对时间、科目和方法的巧妙安排。英国学者阿什比也持有同样的观点，他认为，大学教育的关键并不在于单纯地传授伟大的真理，而更在于使用巧妙的方法来传授这些真理。因此，教学方法的选择与运用对于培养学生的法律思维能力具有至关重要的作用。目前来看，课堂教学中的讲授法和案例教学法对法律思维能力的培养有着直接的影响。在讲授法中，教师通常会系统地阐述法律知识原理，通过清晰的讲解和逻辑推理来帮助学生理解和掌握法律概念和原则。这种教学法侧重于知识的传授和体系的构建，有助于学生建立起清晰的知识框架和法律体系。然而，由于讲授法过于侧重于知识的传授，学生往往只是被动地接受知识，缺乏主动思考和问题解决的能力。相比之下，案例教学法则更加注重学生的主动参与和对实际操作能力的培养。在案例教学中，教师会引入真实的案例，引导学生对案例进行分析、讨论和推理，从而培养学生的法律思维能力和问题解决能力。这种教学法强调学生的主动性和参与性，能够激发学生的学习兴趣和动力，同时也有助于培养学生的实际操作能力和团队合作精神。因此，教师在选择教学方法时应该根据教学内容和学生的实际情况进行综合考虑。在培养学生的法律思维能力和问题解决能力方面，两种教学法各有优劣。

同样受到过训练和经验磨砺的人，往往以相似的视角来观察和理解事物。不同的培训方法塑造了不同的思维方式，系统化的法律原理讲解有助于培养学生的清晰理论洞察力，使他们更善于运用逻辑来推断法律。而案例教学法则通过具体的案例分析，引导学生从个别到一般进行归纳，培养他们的观察、分析、概括法律问题的能力，类比推理能力，以及表达能力等。这两种基于不同传统的教学方法致力于同一个目标——培养学生的法律思维能力。就讲授法而言，许多国家的教育体系中都采用这种方法，其目的不仅是让学生掌握大量的知识信息，更重要的是培养他们的独立思考能力和解决问题的能力。事实上，这种教学方法更注重的是培养学生的思考能力、分析能力和批判性思维。通过教师的讲解和引导，学生可以深入了解各种理论和观点，并从中得出自己的结论。这种教学方法鼓励学生积极参与课堂讨论，表达自己的观点和看法，从而提高学生的交流能力和自信心。而案例教学法则是一种更为生动、实际的教学方法。

在法学教育中，案例教学法是一种被广泛采用的有效手段。它的目的并非只是让学生机械地记忆某个特定案例的解决方法，而是通过深入研究和分析真实的法律案例，培养学生的法律思维、独立分析和解决问题的能力。在案例教学的过程中，学生需要针对具体的法律案例进行深入剖析，挖掘案件的事实细节、相关法律条文的含义，以及法律原则和规则的适用条件。这种教学方法不仅锻炼了学生的批判性思维和分析能力，还让他们学会了如何运用法律知识解决实际问题。案例教学法不仅关注法律条文的字面含义，还注重培养学生的法律原理和原则的理解。学生通过学习如何适应不断变化的社会和经济环境，灵活运用法律原则和规则解决实际问题。这种教学方法鼓励学生独立思考，表达自己的观点和见解，培养他们的创新意识和法律职业素养。这种能力不仅可以帮助学生更好地理解和应用法律知识，还可以激发他们的创新思维和持续学习的动力。因此，案例教学法不仅能够提高学生的学习效率，还可以为他们的未来职业生涯打下坚实的基础。

尽管讲授法和案例法都是常用的教学法，但它们都有各自的优缺点。讲授法在传授知识系统性、完整性方面具有优势，而案例法则强调学生的主动探索和发现精神。韦伯曾指出，法律教学的纯经验运作往往只能形成从个别到个别的简单推论，而无法从这些推论中进一步演绎出更全面的结论。相反，判例法则热衷于对语言文字的研究、应用、解释和拓展，并倾向于采用类推或技术上的创新来解决问题。波斯纳也强调，在以判例为导向的法律体制中，法学教授需要深入研读司法意见，从中发现基本的法律逻辑和格局。因此，我国法学教育方法改革的重点之一是引入案例教学法，以弥补传统讲授法的不足。这种教学法将理论知识与实践应用完美融合，为培养学生的法律思维和实践能力注入了新的活力。

在思考我国法学教育方法的改革时，我们不能简单地全盘引入案例教学法，而应该根据我国本土的教育资源进行科学的创新和调整。案例教学法的应用需要与讲授法进行有效的融合和互补，相互借鉴，才能构建起合理的法学教学方法体系。同时，我们也应该对我们固有的教学方法——讲授法进行深入的反思和审视。讲授法本身是一个非常广泛的概念，可以被区分为传统讲授法和互动式讲授法。通过这种科学的整合和改进，我们可以更好地激发学生的学习兴趣，提高他们的思维能力和法律素养，为我国的法治建设培养更多优秀的人才。在实施启发式讲授法方面，我们可以借鉴古代中国的"讲诵"方式，将讲授法与启发式讲授法结合起来，以提高法学教育的效果和质量。

启发式讲授法涵盖了引导式、推理式、对比式等多元化的教学方式。这种教学方法着重于启发学生的智慧，激发他们发现和解决问题的能力，因此也被称为问题意识。对于人们对讲授法的普遍质疑，很多时候是将普通的讲授法（填鸭式教学）当作了唯一的讲授法形式。因此，改进讲授法的关键在于将一般讲授法转变为启发式讲授法，以培养学生的问题解决能力。可以说，提出有价值的问题往往比解决问题更为重要，因为一个有深度的问题可能会开辟全新的领域，而解决问题的技巧只是次要方面。为了更好地培养学生的问题意识，可以将苏格拉底教学式的对话和讨论融入传统的讲授法中。

第五节　法律职业道德教育的弱化及改革路向

一、法律职业道德教育的弱化

法学教育发展过程中，法律职业道德教育一直被忽视，但随着近代法学教育的兴起，一些学者开始重视道德教育的重要性。例如，东吴大学法学院的孙晓楼、杨兆龙、丘汉平、燕树棠等学者都对法律道德教育的重要性进行了阐述。孙晓楼将法律伦理课列为必修课程，并设计了东吴大学新课程表。

尽管我国已经将思想道德教育纳入法学教育，但其重心在于公众道德和政治素质方面，却忽视了法律职业伦理的特殊性和重要性。此外，由于教学方法的不当，思想道德教育的效果并不显著。因此，法律职业道德教育应当在大学法学教育阶段开始培养，以便未来的法律职业者在提高专业技术水平的同时，职业道德水平也能得到提升。只有当学生在学习期间接受到有效的法律职业道德教育，才能清楚地认识到未来法律职业可能面临的职业道德挑战，并为应对这些挑战做好充分准备。难以想象，如果法学毕业生没有接受过法律职业道德教育，不了解法律职业道德要求，缺乏法律职业道德人格，他们进入法律职业后将如何履行职业责任。当前司法中存在的司法不公和腐败问题在很大程度上是由从业人员职业道德水平低下所导致的。不得不说法学教育作为培养法律职业人才的源头，忽视对学生法律职业道德的教育是造成这一现象的一个重要原因。因此，法学教育应当重视对学生法律职业道德的培养，以确保未来的法律职业者具备高尚的职业道德和责任感。

剖析我国法学教育中职业道德教育的现状，原因主要有两方面。

第一，法学教育与法律职业的脱节是造成法律职业道德教育弱化的外在原因。

法律职业道德是法律职业领域中一项非常重要的道德要求，它要求从业人员不仅具备专业的法律知识和技能,还要具备高度的道德素质和职业操守。这些要求对于维护法律职业的自治、职业责任和社会声誉都至关重要。在世界各国,法律职业道德的教育和培训都是法律职业领域的重要工作之一。法学教育作为法律职业的守门人,应该承担起对学生进行法律职业道德教育的任务。通过有效的教学方法和手段,培养学生的道德意识和职业操守,提高他们的道德素质和职业素养。只有这样,才能培养出真正合格的法律人才,为社会提供更好的法律服务。在法学教育中,应该注重学生的个性发展和实践能力的培养,同时也要注重学生的道德教育和职业操守教育。通过开展各种形式的职业道德教育活动,让学生了解职业道德的重要性,培养他们的职业素养和道德操守。只有这样,才能让学生在未来的法律职业生涯中更好地履行职责,为社会作出更大的贡献。

我国法学教育和法律职业长期分离,导致法学教育对法律职业素养的重视不足。与法律职业素养相关的教育,如职业技能、职业道德、法律思维能力等,几乎都被忽视。因此,法律职业伦理未能作为一门课程在法学教育中占据应有的地位。

第二,法律职业道德教育本身的特殊性是造成法律职业道德教育弱化的内在原因。

法律职业道德教育,是培育法律人崇高职业操守的基石,与其他类型的教育在本质上有显著的差异。它承载着孕育学生深沉职业道德观念的使命,将焦点放在情感和态度的内在养成上,其核心在于塑造学生的职业道德人格。这一教育过程分为两个阶段:首先是通过系统化的课程学习,传授职业伦理知识,使学生深入理解和掌握法律职业道德的原则、规范、意义和范畴,从而提升道德认知水平;其次是塑造良好的职业道德品格,将所学的职业伦理知识转化为内在的道德信念,实现从知识到信仰、从信仰到行动的转变。这个阶段是实现法律职业道德教育目标的关键环节,同时也是教育方法最为独特和复杂的阶段。由于情感和态度的形成是一个复杂且微妙的过程,因此,在这个阶段中,无法采用常规的知识讲授或技能训练的方法。相反,需要创设一个情感体验的环境，通过这个环境来激发学生的道德情感体验，从而促进他们职业道德品格的养成。可以说，道德情感教育是法律职业道德教育的核心和难点，这也使得人们对法律职业道德教育的实施方法和效果常常存在分歧和争议。

法律职业道德教育，作为法学领域中一道独特的风景线，以其充满挑战且意义重大的特点，引领着无数法律人前行。它的规律如同深邃的海洋，既复杂又难以捉摸，使得教学效果难以准确衡量。传统的法学教育方式在这方面显得力不从心，无法满足法律职业道德情感教育的目标。

二、改革的路向

法律职业的发展引发了人们对法律职业道德的深入关注。那么，作为培养后续法律职业者的法学教育在法律职业道德教育方面也负有一定的责任。法学教育如何承担起这个责任成为当今法学教育改革的一个重要方面。笔者认为，法学教育要充分实现法律职业道德教育价值，应该在以下两个方面做出努力。

（一）开设法律职业道德课程

法律职业道德作为法学教育的重要一环，旨在培养学生的道德观念和职业操守，使其成为符合法律职业要求的优秀人才。通过开设法律职业道德课程，可以系统地向学生传授法律职业伦理知识，强调坚持法制、声张正义、忠于事实、忠于法律等核心价值观念的教育。这不仅可以为学生形成道德情感提供认识基础，还可以激发他们对法律职业道德理论研究的兴趣，推动建立科学的法律职业道德学科体系。在目前轻视法律职业道德教育的社会环境下，加强法律职业道德教育具有积极的现实意义。它可以提升人们的法律职业道德意识，将法律职业道德视为法学教育的重要价值之一，促进法律职业的健康发展。同时，通过教育过程中的优化和改进，可以使学生更加深入地了解和掌握法律职业道德的知识和技能，增强他们的道德素质和职业素养，为未来的职业生涯做好准备。因此，将法律职业伦理纳入法学教育课程体系是十分必要的，这不仅有助于培养学生的道德认知和实现有效的法律职业道德教育，还可以弥补法学教育在此方面的空白，提高法学教育的整体质量和水平。

（二）找寻有效的教学方法

法律职业道德教育是法学教育中的重要组成部分，其教学目的的实现需要采取有效的教学方法。传统的讲授法虽然能够传授知识，但对于情感或态度的教学却难以达到预期效果。因此，建立有效的法律职业道德教育教学方法体系至关重要。在中国的法学教学传统中，我们可以借鉴西方国家的经验，探索适合本国实际情况的教学方法。讲授法、渗透法、案例教学法、示范和角色体验等都是西方国家进行法律职业道德教育的成功经验。这些方法不仅可以为学生提供情感体验的机会，还能够帮助学生积累情感经验，提高职业道德素质。法律诊所教学在我国如火如荼地展开，对于培养法律职业道德有着不可忽视的作用。它不仅为学生提供了实践技能的机会，更在情感交往和职业道德观念的培养上发挥重要作用。通过无偿提供法律援助及服务，学生可以亲身感受到作为法律职业者所应承担的社会责任和使命，培养对社会和人民的奉献精神和职业自豪感。在处理案件的过程中，学生不仅需要运用所学理论知识，还需面对复杂的职业道德问题。这不仅锻炼了他们的实践技能，还培养了他们解决职业道德问题的能力。总之，法律诊所教学不仅提高了学生的法律技能水平，还塑造了他们高尚的职业道德情操，增强了他们对法律职业的使命感和神圣感，最终实现职业道德品质的全面提升。鉴于我国法学教育的传统，以及法律诊所教学对法律职业道德教育的价值，笔者认为，普遍推行法律诊所教学是我国法学教育进行有效法律职业道德教育的一个重要突破口。

第六节　法律信仰教育的偏误及矫治

一、信仰教育的偏误

我国法学教育深受法律工具主义观念的影响，在这种观念的指导下，法律被视为一种实用的人类活动，没有神圣的渊源和永恒的有效性。相应地，法学教育也被视为培养为实现特定目的服务的工具型人才的摇篮。在不同的时代，法学教育的目标随着社会主导因素的变化而变化。在阶级斗争时代，主要目标是培养掌握刀把子的人才；在经济建设时代，主要目标是培养为经济建设服务的人才；在法律职业化时代，主要目标是培养熟悉法律规范、懂得职业技巧的法律操作工匠。然而，在今天的法律职业化时代，尽管法学教育与法律职业的衔接是必然的，但教育的最终目标不能仅定位于规范知识的传授和操作技巧的训练。国外有学者将法学教育完全演化为职业法律教育的情况称之为"法律文本主义"教育。这种教育模式强调对现行法律体系的尊重，受法律文本主义意识形态的影响，致力于维护该体系及其所服务的秩序。法学专业的学生往往醉心于对法律规则与条例的钻研，而疏忽了法律背后所蕴含的深厚人文精神。这种教育的偏向导致他们过度重视抽象的法规，而忽略了他人的真实感受与需求。法学教育的目标不仅是培养出熟悉法律条文的专家，更要肩负起培养正义、公平、平等的法律思维的重任。学生需要学会以批判性的眼光审视法律规则，提出自己的见解与改进方案。此外，他们还需要深入了解法律与其他社会现象的内在联系，以及法律在解决社会问题中所发挥的关键作用。

法学教育的最高价值应该是培养法律人的法治信仰，这是塑造法律人道德品质的关键。然而，以工具主义为导向的法学教育却忽视了对学生的人格培养，导致学生的主体性和价值被完全忽视。因此，我国的法学教育往往只注重法律知识和技能的传授，而忽略了法律信仰这一根本价值。这导致许多法律人缺乏深入思考法律原理的能力，缺乏对正义法律的信仰和追求。在工具主义理念的影响下，法律失去了内在价值和良知，变得冷酷无情。同样，受这种理念影响的法学教育也失去了培养有信仰追求的法律人的能力。因此，我们需要重新审视法学教育的目的和方法。法学教育应该注重培养学生的道德品质和法治信仰，而不仅是传授法律知识和技能。我们应该以人文理性为基点，培养学生对正义法律的崇高信仰和追求。只有这样，我们才能培养出真正有信仰追求的法律人，为社会的法治建设作出贡献。

二、矫治的途径

法学教育的核心目标是培养法律人的法治信仰和塑造其正义感。教育的本质是引导人们追求真理和美好，使人向善，这是教育的最高追求。法学教育同样需要关注学生的全面发展，而不仅是法律知识的灌输。法学教育应该注重实践性和创新性，通过案例分析、法律诊所、模拟法庭等多种教学方式，培养学生的实际操作能力和创新思维。同时，法学教育还需要关注学生的道德品质和人文素养的培养。法律是社会规范的一部分，它要求人们遵守规则、尊重他人、维护公正。因此，法学教育应该注重培养学生的道德观念和人文精神，使他们成为具有社会责任感和良好道德品质的法律人才。

（一）课程设置的改革

在课程设计方面，要根据法律人自身发展的需要，根据法律人格养成规律设计课程。法学教育的课程应以培养法律人的人格为主线，形成一个有机整体，而不是社会热门专业和新知识的简单堆砌。在我国的法学教育中，课程的价值往往取决于知识的传授。这种知识化的课程设计模式导致大学教育的培养目标与实际需求脱节。为了改变这种情况，我们需要重新审视法学教育的目标，并以此为基础设计课程。

法学教育是专业化教育，注重知识、技能、思维和道德等方面的教育。

其中，法律信仰的培育是至关重要的，它贯穿于整个法学教育的过程。这意味着，法学教育应该始终强调法律的神圣性和崇高性，无论是在知识传授、技能训练、思维培养还是道德教化方面。要实现这一点，并不是通过单独开设某门课程就能实现的。对法律神圣性的信仰根源于深厚的人文精神的教育。因此，人文素养的教育应该贯穿于整个学习过程，使学生不仅了解相关的人文知识，还能沉浸在人文精神的氛围之中，并在这种氛围中成长。此外，许多国家将法学教育置于大学之中，这也说明了法学教育的重要性和地位。法学教育不仅是一种专业化的教育，还是一种综合性的教育，需要注重学生的全面发展。因此，法学教育应该注重培养学生的综合素质，包括知识、技能、思维和道德等方面的能力。应该根据知识的类型和学生的特点来安排课程，实现不同知识之间的相互开放和融合。例如，法律知识与非法律知识可以相互补充，西方知识与本土知识可以相互交流，显性知识与隐性知识可以相互转化。这样的课程设置可以帮助学生更好地理解和应用所学知识，提高他们的综合素质和能力。

（二）教学方式的改革

在法学教育领域，教学方式需要与时俱进，以适应时代的需求和学生的需求。教学活动应该聚焦于唤醒学生的法律人格心灵，帮助他们形成独立思考和解决问题的能力。为了实现这一目标，教学方式需要从传统的"知识灌输"模式转变为"知识对话"模式。在这种模式下，师生之间的关系需要发生转变。教师不再仅是知识的传递者，而是成为学生的学习伙伴和指导者。他们需要以平等的身份参与对话和交流，鼓励学生主动探索和发现知识。这种平等的关系有助于激发学生的学习兴趣和动力，促进他们的自主学习和独立思考能力的发展。学生的学习方式也需要进行转变。传统上，学生往往是被动接受知识，但在新的教学方式下，他们需要成为知识的主动建构者。这需要学生发挥自己的主观能动性，积极思考、发现和解决问题。通过这种方式，学生可以更好地理解和掌握知识，并将这些知识转化为自己的内在素质和能力。同时，教学目标也需要进行调整。法学教育的目标不仅是让学生掌握规范知识，更重要的是培养他们的法律思维和综合能力。这需要注重对学生法律原理性思维的训练和提升，以及综合能力的培养。此外，塑造学生内在的法律品格也是至关重要的，这有助于他们树立正确的法律伦理和职业操守。

法学教育的价值，不只在于传授法律知识，更在于培育法律信仰，为正义的社会注入源源不断的力量。历史长河中，法学教育始终是法律信仰的摇篮，为人类社会的进步与发展提供了强大的推动力。对于现在的中国法学教育来说，培养法律信仰已经成为了核心的关键任务，只有坚定地守护法律信仰的阵地，才能确保法治社会的繁荣与稳定。当然，这不仅需要法学教育的努力，还需要社会各界的共同参与和配合。但是，只要法学教育始终充满热情地歌颂、赞美和追求法治精神，这种神圣与虔诚定将感染全社会，为法治社会铺设坚实的思想基石。

第四章

国内外法学教育与创新人才
培养模式

第一节　国内部分法学院校人才培养
模式改革及启示

一、中国政法大学"六年制法学实验班"的法学教育改革模式

中国政法大学法学人才培养模式改革实验班（简称"法学实验班"）是经中华人民共和国教育部（以下简称"教育部"）批准，以法律职业教育为目标的实验班。

该校法学教育模式改革方案是在借鉴美国、英国、德国、日本等国家高校法学教育模式的基础上，对我国法学教育慎重思考、问诊号脉的成果。总结各主要国家法学教育的共性，认为科学知识和人文素养的培养不再是作为职业教育的法学教育的核心，而职业道德和职业技能训练的大学专业学习，以及承担职业培训和指导的法律事务部门实习，应当成为法学教育的重中之重。

凸显法律实务界在法学教育中的地位是这次改革方案的又一重点，该改革方案重视法学专业学生的实习，固定实行基地实习作为培养计划的重要组成部分。根据方案设计，法学实务界作为法学教育机构的组成部分，立足于增强现有培养模式中缺乏的知识应用和职业技能训练，承担职业技能训练及指导实习的任务。

此"法学实验班"的改革目标是：注重培养学生忠于国家、忠于人民、忠于法律的政治道德和公平正义的价值观，在奠定坚实的法律理论基础的同时，强化知识的应用和职业技能训练。毕业生将成为具备高素质的法律职业人才，以更好地适应全球化背景下中国社会经济发展的需求，以及法治国家建设的需要。

二、上海交通大学法科特班试办方案

为了推动新形势下中国法学教育的改革，贯彻教育部"卓越人才培养计划"的精神，提高法学教育质量，培养适应社会需要的高级法律职业人才，上海交通大学凯原法学院计划试办全日制法律硕士特班（以下简称"法科特班"），为法学本科背景的法律硕士教育探索新的专精化模式。

（一）试办"法科特班"的背景和意义

法科人才培养目前正面临着严峻的挑战。一方面，法科毕业生的就业率普遍较低，市场供过于求，这就意味着许多法学毕业生难以找到合适的工作。另一方面，尽管如此，社会对高级法律职业人才的需求却又十分强烈，这种供需不平衡的现象十分突出。为了解决这一矛盾，上海交通大学凯原法学院决定进行一次大胆的尝试，他们设立了法科特班，旨在通过教育教学改革，探索出一条新的培养模式。这种模式以通识教育和专业教育并重为基本理念，力图在培养法学本科人才的基础上，建立起高层次的法学学术人才与高层次法律职业人才的分类培养模式。这种模式的实施，将有助于解决法科毕业生就业难的问题，同时也能满足社会对高级法律职业人才的需求。通过设立法科特班，上海交通大学凯原法学院希望能够为法律教育教学的改革做出有益的尝试，从而为推动法学教育的发展做出贡献。

试办"法科特班"是上海交通大学推出的一项创新培养机制，旨在培养高层次法律职业人才。这一特殊班级将从法学本科四年级开始，选拔优秀学生提前学习研究生阶段的法律职业课程，接受长期、系统的高级法律职业教育。这一尝试将充分利用现有制度资源，实现法学本科教育与法律硕士教育的无缝对接，提供一种新的高级法律职业人才培养模式。这一特班的试办是上海交通大学集中优质资源培养精英人才的传统，呼应了全国教育改革的大趋势。旨在建立一个具有长时间和新型教学方法保障的高层次法律职业人才培养机制，培养一批具有深厚法律功底、熟练法律技巧、宽广国际视野的法官、检察官、政府公务员和其他法律精英人才。这一尝试将在全国法律教育改革中具有示范效应，展现上海交通大学在法科人才培养方面的后发优势。

（二）"法科特班"的基本定位和关键内容

"法科特班"是凯原法学院为优秀法学本科生提供的一种特殊培养模式。在完成前三年的本科学习后，成绩优异的学生自愿报名，经过免试推荐和综合素质测试，择优选拔一定数量的学生从本科四年级开始提前进入硕士研究生阶段学习。本硕贯通培养的方式让学生接受高级法律职业教育，并在六年的时间内获得法律硕士学位。"法科特班"与现有的"4+2"模式不同，避免了粗放式实习可能造成的时间浪费，更注重精深充实的课程内容、体系化的实务训练和海外名校留学或研修安排。其目标是提高学生的就业能力，并培养具有国际视野、适应中国发展新形势的高级法律职业人才。

试办"法科特班"的关键内容包括以下六方面。

1. 通过遴选程序保证优质生源

在试验性阶段，法科特班的学生仅限于上海交通大学凯原法学院的优秀法学本科生。这些学生不仅在学术上表现突出，而且具备较高的综合素质。经过严格的选拔程序，凯原法学院会在法学本科生二年级结束后，根据成绩绩点和综合素质测试,选拔约 15 名学生进入特班,提前接受侧重于司法和涉外法务方向的高级法律职业教育。

2. 大力改进教学方法

进入特班后,采用统一的标准化教材和独特的教学方法,通过专题研究、比较分析,以及逐步深化法律思维的方式,为培养未来的法律精英做好充分的准备。凯原法学院注重对话式教育、判例研究、分组讨论等多种教学方法的综合运用,同时有计划、有步骤地进行实务训练,旨在帮助学生更好地掌握法律知识,提升法律素养。

3. 配备优秀的师资授课、指导

特班的授课主要由凯原法学院内专业知识渊博、富有实务经验、职业教育能力强的教师担任,某些课程可邀请校外一定数量的知名专家讲授,特别是司法机关的学者型法官、检察官和律师。特班实施双导师制度,除了本院的教师担任导师外,还会精选一定数量的相关实务部门专家担任导师,他们将一对一、手把手地指导专业实习,实习期长达半年,并成建制地安排到法院、检察院和高端律所进行实习。此外,特班还适度安排与境内外名校之间的交换培养,或者提供到世界一流法学院留学的机会,让学员们拥有更广阔的视野和更丰富的经历。

4. 按照国际化标准调整课程设置

特班在大学本科前三年的课程设置与普通班没有区别,从第四学年开始,直至硕士研究生毕业,形成独特的课程设置体系,大力采取对话式教学法和判例教学法,充分调动自主钻研和比赛绩效的积极性,着重于基本法律理论知识的提升和实务能力的培养。

5. 提供体系化的职业教育专用教材

凯原法学院组织编写出版系列法律职业教材。在尚没有正式编写出版前,先遴选采用国内其他的优秀教材。此外,授课教师在备课过程中选编出各自课程的经典文献和典型案例，供特班学生学习时参考。

6. 重点推荐到相对高层次的司法机关、行政机关及其他高端法务部门实习和就业

凯原法学院在原有基础上进一步巩固与上海市高级人民法院和市人民检察院的合作关系，探索建立合作培养高级法律职业人才的机制，特别是为特班学生提供各种高层次实习乃至就业的机会。

当然，要想在法院、检察院及政府法务部门谋得职位，首要条件便是通过艰难的司法考试和公务员考试。因此，特班的学生们被要求在第一年，最迟在第二年，必须通过国家司法考试。若有个别学生未能通过，他们将按照法学本科毕业的标准进行培养，或被转入其他法律硕士培养序列，继续深造。

（三）试办"法科特班"的操作性方案

1. 招生指标的类别和来源

"法科特班"利用教育部面向法学本科的全日制法律硕士类别，其招生指标从这类专业学位研究生指标中申请。这样，试办"法科特班"不挤占现有的规模日渐减少的法学硕士生的招生指标，而纳入全日制法本法硕的学制框架内。

2. 招生的方式和入学的时间安排

首届特班的学生全部采取推免和综合素质测试的方式取得研究生的入学资格。进入特班学习的时间为四年级第一学期初。由于本科生的正常推免工作要到四年级第一学期开学后才能开始，因此，为保证特班学生在四年级第一学期初的正常入学学习，凯原法学院将与校教务处和研究生院协商，将推免和综合素质测试工作提前到二年级第二学期考试结束后、暑假前期（7月）进行。

3. 首届特班学生的来源

首届法科特班的 15 名学生从凯原法学院法学专业本科生中遴选，全部作为推免生取得研究生的入学资格。

4. 特班的收费和奖学金

特班学生的收费要兼顾吸引优秀生源、学院对办学成本的承受能力和可持续性以及教育部政策的限制。从目前的情况来看，按照教育部对于新增的法本、法硕的收费政策的规定，法科特班学生每年的学费为 9 800 元，在校期间享受普通奖学金资助 240 元/月，凯原法学院并积极争取为特班学生提供获得专项奖学金的机会，但特班学生应就专项奖学金的获得与校方达成协议，彰显作为杰出人才必须具备的公益精神。被特班录取学生的上述学费缴纳和奖学金获得均从特班二年级开始，特班一年级仍然按照其本科四年级的学费标准缴纳全年的学费。到海外名校留学的费用根据有关协议另行确定。

5. 特班学生本科毕业证书和学位证书的取得

被特班录取的学生在研究生阶段所获学分可转为本科阶段学分，第一年结束后，将获得上海交通大学法学专业本科毕业证书及法学学士学位。此外，这些学生还具备扎实的学术基础和卓越的实践能力，为他们在未来的职业生涯中提供了强大的竞争力。

（四）"法科特班"的课程设置方案要点

按照国际化标准调整课程设置。大学本科前三年的课程设置与法学本科普通班没有区别，从第四学年开始，直至硕士研究生毕业，形成独特的课程设置体系。在具体的课程设计上遵循以下主要思路。

第一，致力于优化课程设计，让内容更加简洁、生动、有趣。删除那些冗长乏味的理论课程，转而开设更多涵盖实用技巧和前沿法律领域的课程，帮助学生更好地掌握法律知识，自信地应对未来的职业挑战。

第二，为了提高学生的综合素质和拓宽学生的知识面，上海交通大学进行了通选课改革，允许学生跨专业、跨年级选修课程。此外，部分采用外语授课的专业课和研讨课也可以与国际班学生共同开班，这有助于拓宽学生的国际化视野，提高学生的跨文化交流能力。通过这种方式，学生可以获得更全面的教育体验，同时也有助于提高学校的整体教育水平。

第三，不设专业限制，若学生对某专业特别钟情，可通过导师个性化指导、跨学院选修课程、文献研究等途径来满足学习需求。这种方式不仅流畅通顺，且措辞优美，更能吸引学生的注意力。在保持原文含义不变的前提下，我们力求保持原文的句型和格式不变，同时提升文本的吸引力。

第四，课程教学的学分控制，旨在为学生腾出充足的时间，让他们能够自由地进行阅读、思考、讨论、预习和复习，并在感兴趣的专业领域内拓展自我发展的空间。这种灵活的学习方式，不仅有助于提高学生的综合素质，还能够更好地激发他们的学习热情和创造力。

第五，专业实习的时长为六个月，发生在第五学期并包含暑假期间。实习地点包括法院、检察院、高端律所和跨国公司的法务部门。在导师的指导下，实习生将接触到各种主要的法律业务。

第六，在模块化课程的构建中，民法、刑法和诉讼法构成了课程的重心。经济法和商法强调与其他学科的交叉学习，以提高学生的综合素质。基础理论法学课程注重培养学生的法律人格，加强对法律运行的总体理解，以及训练法律思维方式。法律职业技能课程则强调实用性和全面性，通过学生的积极参与，帮助他们进行职业规划。

第七，特班学生另可选修凯原法学院国际班的若干课程。这些课程的学分可折抵第三、第四、第六学期专业选修课的学分。

第八，特班的专业课教师应该负责在课程安排中邀请相关学科的兼职教授和兼职硕导进行专题讲座，重点从法律事务技巧方面进行讲解和交流。每门课程每学期应插入至少两次此类专题讲座，并纳入相应课程的评价内容，以确保学生能够充分理解并掌握法律事务技能。

第九，由于体制对接的因素，法科特班的研究生公共课在二年级开设。一年级较大强度地开设法律专业课。

（五）"法科特班"的综合素质测试方案要点

法科特班的生源选拔实行"前三年成绩积点排名＋综合素质测试"的办法。综合素质测试秉承"严进严出"的原则，适度提高入学测试的难度，挑选最优秀的人才。综合素质测试包括笔试（中英文互译及中文写作，各占 30 分）和面试（占 40 分）两部分。面试重点考查学生所掌握的基本法律知识及其运用能力、逻辑思维和反应能力、口头表达能力、英语听说能力、从事科研的能力和潜力等方面。综合素质测试的笔试时间为 90 分钟，包括两部分：① 翻译部分（中英文互译）50 分钟，中译英 1 篇，英译中 1 篇，每篇文章大约为 300 个单词，文章来自学术杂志，主题可以是法学、政治、历史、文化、科学等；② 中文写作部分 40 分钟，借鉴公务员考试，针对一个事件，让考生提出自己的观点，并予以论证，字数要求 2 000 字左右。

综合素质测试的面试时间为 30 分钟，提供一个主题，让考生用中英文分别演讲，各 10 分钟，面试老师与考生的对话 10 分钟。

三、汕头大学法学院"国际化法学人才培养模式"

汕头大学法学院成功申请到教育部第二类特色专业建设点，其国际化法学人才培养模式在招生、人才培养、国际交流与合作等方面具备卓越的经验与创新。该专业致力于在全国范围内率先形成具有国际化特色的法学专业，主要围绕"师、语、书、生、向、业"六要素进行改革。这些要素的量化指标要求已经达到，并且在全国法学院中名列前茅。经过多年的努力，该学院已经基本形成了具有特色的国际化法学人才培养的 6 字模式，这一模式具有很高的吸引力，能够为培养出更多优秀的国际化法学人才提供有力支持。其改革的背景和主要内容如下。

（一）汕头大学法学院改革的背景

由于历史的原因，我国现有的国际化法律人才数量较少，知识结构不够完整，远远不能满足世界经济发展国际化和一体化的需求。为了解决这个问题，该院以国际化改革为重点，启动了法学学科建设行动。目标是推动法学教育的国际化和培养更多具备国际化视野的法律人才。在法学教育中，该院注重引进优秀的海外留学背景的教师，提升师资队伍的整体素质。同时，积极开展双语教学，提高学生的外语能力，并使其能够更好地应对涉外法律事务。此外，该院还注重引进国外先进的法学教材和图书资源，拓宽学生的国际视野。为了增强学生的国际意识和跨文化交流能力，该院组织学生参加国际会议、模拟法庭等国际性活动。同时，开设具有国际化特色的法学方向课程，以满足世界经济发展的需求。通过这些举措，该院法学学科建设行动有效地推动了法学教育的国际化和培养了更多具备国际化视野的法律人才。总之，该院的法学学科建设行动以国际化为核心，从师资队伍、教学水平、教材图书、学生活动等方面层层推进。通过国际化改革，该院法学学科建设取得了显著成效，为我国法学教育的推进及法律实践的发展作出了积极贡献。

（二）国际化专业方向和课程体系

法学院在国际化发展中始终致力于探索符合国际标准的课程体系。为了满足专业课程改革的实际需求，学院引进了具有国际背景的教师团队，为教学注入新的活力。通过这种方式，学生可以更好地了解国际法律事务和通行的法律实践，提升自身的专业素养和综合能力。同时，学院还积极开展国际合作与交流，为学生提供更多的实践机会和更广阔的发展空间。为了培养具有国际竞争力的法律专业人才，法学院重新制订了法学本科课程教学计划，强调了国际化和职业化特点，并对专业进行了调整，包括英美法学、国际法学、争议纠纷解决、律师实务四个方向。

该学院是全国范围内率先开设英美法研究方向系列课程的学院，包括比较法学与英美法律制度、英美行政法、英美合同法、英美侵权法、英美财产法、英美法学思潮、英美知识产权法等课程。同时开设争议解决方向的系列课程，包括仲裁理论与实践、调解理论与实践、谈判理论与技巧、世界贸易组织仲裁案例分析、辩论鼓动理论与实践等，并设置了"长江谈判技巧及争议解决中心"，积极开展与国内仲裁单位和国外权威学府的紧密合作。邀请了美国学者前来开展学术交流活动，包括调解理论与实践、谈判技巧、谈判和争议解决培训工作坊、世贸的争议解决机制等课程。此外，特地开设了国际商业交易课程。这些课程以全英文教学为主，强调理论与实践相结合的互动性与参与性培训。总体来说，该学院在法学教育方面的国际化改革已经迈出了坚实的一步，其法学专业课程体系的设置主要偏向于英美法系。

随着条件的逐步完善，该院相应地调整了课程计划，在全国范围内率先开设全新的日本法学方向课程。这一创新的举措主要基于两个方面的考虑：第一，为了拓宽学生的就业渠道；第二，为了扩大学生的法学视野，使法学院的课程知识体系更加广泛和全面。这一调整不仅有助于提高学生的就业竞争力，同时也能够满足社会对法律人才的需求。

（三）专门开设司法考试强化课程

该学院自 2013 年起，开始为毕业班学生提供免费的司法考试培训课程。由于司法考试的专业化程度要求极高，因此该学院设置的课程体系具有系统性和全面性。课程作为选修课的时间跨度从 2013 年 4 月一直到 2014 年 9 月。课程分为五个阶段，包括理论提高、系统强化、法条串讲、模拟考和精讲及考前突破，总共包含 500 多个学时。学院负责组织并教授司法考试课程，从学生的反馈情况来看，普遍认为这是一件对学生有很大帮助的有意义的事情。汕头大学法学院学生参加司法考试的通过率（360 分以上）在 2013 年达到了50%，在全国法学院中名列前茅。

（四）大量开设实践模拟课程

国际化改革的核心方向之一是持续增加国际实践模拟性课程的比例。除了已经开设的调解理论与实践、谈判理论与实践、仲裁理论与实践、法律诊所教育、法律援助实务指导等课程，该学院新开设了以下一批国际实践模拟课程：

① 联合国会议模拟；

② 议会规则与操作——香港立法局会议模拟；

③ 选举制度与实践模拟；

④ 法庭辩诉技巧模拟；

⑤ 国际法院与国际争端解决模拟；

⑥ WTO 上诉机构与争端解决模拟；

⑦ 日本国会制度与会议模拟等。

这些国际实践模拟课程通过互动教学与全面角色扮演，帮助学生获得处理国际法律事务和解决法律纠纷的实战能力。为配合法学院的刑事诉讼实务与民事诉讼实务等课程的实践教学工作，法学院多次邀请汕头市龙湖区人民法院刑事审判庭与民事审判庭在学院的模拟法庭上公开审理真实案件，供师生们观摩学习。同时，法院与汕头市龙湖区人民法院紧密合作，共同开展司法调查员活动，创建了未成年人犯罪背景调查员工作。这一工作正式启动，龙湖区人民法院将委托未成年犯罪背景调查办公室对由龙湖区人民检察院提起公诉的被告人进行犯罪背景调查。接受委托后，调查员将获得法院颁发的调查员证书（证件），并立即开展调查工作。这一工作的开展旨在深入了解未成年犯罪嫌疑人的背景，为司法公正提供更全面、准确的信息支持。

（五）积极推进专业课程的国际认证认可

这个学院开设的法学课程已经得到了国际认证，帮助学生获得国际执业资格。另外，他们的法学调解课程也获得了香港国际仲裁委员会的认证，成为了内地第一个提供"香港调解员资格"认证培训的机构。调解是一种中立人士协助双方自愿达成和解的过程，需要完成相关的训练课程并参与真实或模拟的案件。

第二节　国外部分法学教育模式及启示

一、美国的法学教育

（一）影响美国法学教育的因素

美国的法学教育有其独特的背景因素，其发展受到以下因素的影响。

1. 理念方面

（1）实用主义哲学的影响

实用主义哲学产生于19世纪70年代，它的显著特征在于重视实践和应用，强调人们应该基于现实生活的经验和观察，采取积极的行动来达到具体的效果。这种哲学观点对美国的法学产生了深远的影响，形成了霍姆斯的经验主义法学、庞德的社会学法学、卢埃林的现实主义法学等学派，这些学派都秉持着一种信念，即法律并非抽象思想的产物，而是社会经验的产物。

美国法学教育以实用为基础和目标，旨在培养优秀律师，强调实践应用而非纯理论知识。教学内容注重律师技能训练，强调独立思考、沟通能力和对法律的冷静审视。教学目标不仅是教授法律知识，更是培养法律技能、理解法律运作机制、形成法律思维方式并解决实际法律问题。这种实用主义的教育理念体现了美国法律教学对实用性的高度重视。

（2）大学的价值观念和原则的影响

美国大学是自由思想和批判精神的沃土，引领着社会观念和风尚的潮流。这些大学所秉持的原则和价值观对每一个受教育者产生着深远的影响。首先，这些大学不仅致力于培养具备独立思考和判断能力的个体，还注重知识的传承和创造。通过教育，他们将学生培养成为具备批判精神、创新思维和良好人际交往能力的专业人才。此外，这些大学还为学生提供了丰富的机会和资源，帮助他们在学术、职业和社会领域取得成功。其次，在这些大学中，教师扮演着重要的角色。他们不仅是知识的传授者，还是学生成长过程中的引导者和支持者。教师们通过教学、研究和学术活动为学生提供全方位的支持和帮助。此外，教师们还积极参与到学生的生活中，了解学生们的需求和问题，为学生们提供个性化的指导和建议。最后，教师们通过为社区提供教育、文化、科技等方面的支持和资源，与社区的价值观相融合。这些大学还积极参与到社区活动中，与社区成员互动交流，了解他们的需求和问题，为社区的发展做出贡献。同时，法律教育也应当注重培养学生的批判和怀疑精神，以促进社会观念和风尚的更新和发展。

美国民众普遍认为，政府高官应该是名牌法学院的毕业生。这一观念得到了事实的支持，在历任的美国总统中，超过半数都是法律专业人士。有趣的是，美国公司首席执行官中也有相当一部分出身于律师行业，而众多社会组织的创始人或领导者也接受过法律教育或训练。

在高等教育领域，美国大学法学院的目标不仅是培养具备法律执业或传道授业能力的毕业生。更重要的是，他们致力于塑造能够在政府、商业、外交，以及所有对公共政策和社会具有影响力的机构中担任领导角色的毕业生。哈佛大学法学院院长曾说过："哈佛法学院是喜爱思考的人的乐土，而这些思考能改变世界……这里的人被制度和规则的力量所吸引，同时深知政策改革往往带来难以预料的后果；他们致力于用法律服务社会。"想象一下，这些法学院的毕业生不仅具备法律专业知识，还拥有广泛的领导能力和深思熟虑的判断力，他们在各个领域都能够发挥自己的才能，用法律服务社会，推动世界向前发展。这样的教育体系不仅培养了优秀的法律人才，还为美国的发展提供了源源不断的动力。

在耶鲁法学院，培养目标不仅是优秀的执业律师，还致力于培养各个领域的领导人才，包括法学院院长、商业领袖、法律顾问等。美国法律制度虽然不是完美的，但法律对于促进经济繁荣、维持社会稳定、保障公民自由权利，以及构建一个更为公平公正的社会发挥着关键作用。

2. 制度方面

（1）行业管理对法学教育的影响

在全球范围内，美国法学教育可谓是一枝独秀，拥有众多法学院系，涵盖了各种不同法学领域的教学内容和教学方法，这些教学差异并未影响其法学教育的发展水平。美国律师协会和美国法学院协会对法学院的管理非常严格，这种管理使得美国的法学教育水平很高。只有经过美国律师协会认可的法学院的毕业生才能参加律师资格考试，然后成为律师。而在很多州，只有本州的法学院的毕业生才能在本州执业或担任助理律师。这种管理方式保证了法学教育的质量，也保证了律师的素质和专业水平。

美国法律教育以职业收益为主要资金来源，而非依赖政府或民间资助。为了维护法律教育的独立性和专业性，美国建立了严格的行业规范和监管机制。这些规章制度由美国律师公会、美国法学院协会、美国法律图书馆馆员协会等权威机构制定并执行，确保了法律教育的质量和发展。美国法律教育体系庞大，拥有众多法学院和法律专业机构，每个法学院都有自己的特色和优势。这种多元化的法学院格局与统一有效的行业管理相结合，为法学教育的发展提供了广阔的空间和机会。由于美国是联邦制国家，教育主要由各州负责，因此没有官办的国立法学院。联邦政府对于法学院的支持主要是通过政府补贴的方式进行的，这种补贴不仅有助于法学院的运营和发展，也体现了政府对法律教育的重视和关注。总之，美国法律教育以职业收益为主要资金来源，通过严格的行业规范和监管机制确保了法律教育的质量和专业性。同时，多元化的法学院格局与统一有效的行业管理相结合，为法学教育的发展提供了广阔的空间和机会。

在管理方面，美国建立了完善的行业规章，由美国律师公会、美国法学院协会和美国法律图书馆馆员协会主导。这些行业规章不仅保证了法律教育的质量，还为有效地组织、协调和促进法学教育的发展起到了关键作用。同时，美国法律图书馆馆员协会对全国法律图书馆进行行业管理，规定各种标准规格并定期进行评比检查验收。总之，美国法律教育资金独立，依靠行业规章管理，规模大且管理完善，是美国法律教育的显著特征。

美国法学院协会（AALS）是一个非营利性的教育协会，代表了美国超过1万名院系的172个法学院。该协会的宗旨是"通过法律教育改善法学职业"。它的目的是进一步通过多种方式，包括法学教授和行政人员的专业发展方案，由院系和资深管理人员组织超过90单元的补充单元。美国法学院协会通过每年一度构成世界上最大的法学院聚会的会议作为一个服务法律教师的学术协会。美国法学院协会是联邦政府和其他国家的高等教育机构和学术团体最主要代表。它还鼓励全球范围内的法学教师的合作，并为国际法学院协会提供种子资金和持续的员工的支持。

在美国，开设法学院必须满足建设法律图书馆的条件，否则无法获得批准。这些图书馆通常独立于大学图书馆之外，作为法学院内的专业分支机构。美国法律图书馆馆员协会（AALD）是一个全国性的独立组织，每年召开一次会议，就全国法律图书馆的工作进行深入探讨。法律图书馆职业是一个独立的职业，不仅适用于大学法学院，还广泛应用于国会、政府法律部门、法院和律师事务所等机构。因此，这个职业具有广泛的适用性。可以认为，只要有法律职业的存在，就需要相应的法律图书馆职业来提供支持。

（2）金钱和商业的考虑对法学教育的影响

政府对大学资助减少，公立大学向个人、团体、法人筹资，导致大学间竞争加剧，为教育自治带来新机遇。教育经费独立是高等教育自治前提，保障学术自由、培养人才和科学研究。教育自治为学生独立思考、创造力培养提供空间和保障。哈佛大学东亚法律研究项目的负责人安守廉教授指出，法学院院长等领导人需投入大量时间筹资或创收，但不必自欺欺人。期望从私人商务获取顾问费或外国政府支持从事外国法研究的学者会发现自己写作受限，难以充分发挥个人见解。

（3）市场经济和就业制度的影响

在美国，法律专业一直以其高门槛、高收入和良好的社会地位而备受社会认可。那些毕业于名牌大学法学院的毕业生更是站在金字塔的顶端，他们不仅拥有自由追求职业梦想的资本，还能够获得优厚的薪资和较高的地位。市场经济的飞速发展为法律教育注入了新的活力，法学教学与法学制度紧密结合国家的社会经济制度。在美国的法律教育系统中，高度市场化是其显著特点。因此，法学院毕业的学生不仅需要掌握扎实的基本知识和技巧，更需要具备良好的法律素养，以适应不断变化的市场需求。他们需要具备敏锐的洞察力和判断力，能够迅速应对各种复杂的法律问题。同时，他们还需要具备高度的责任感和职业道德，为社会的和谐稳定作出贡献。这种多元化的学生群体大大丰富了法学院的学术氛围，提高了学生的理论水平和实践能力。

3. 实践方面

（1）律师显赫的地位和突出的作用

美国是一个由律师塑造的国家，律师的地位赋予了他们独特的尊严，其他国家的律师无法比拟。法官和检察官大多来自律师，政治家中的很多人都拥有法学学位或曾担任律师。律师在美国社会中发挥着领导作用，推动美国的法治社会发展。法律家和法学教授逐渐成为政治家的核心力量，这一趋势正在成为西方政治和法治发展的重要潮流。法学教育的目的不仅在于培养专业的法律人才，如法官和律师，更在于普及法律知识，提高普通文官和行政官员的法律素养。通过接受良好的法律训练，他们能够深入理解个人的合法利益，以及法律规定所保障的权益救济方式。对政府官员进行法律培训至关重要，它不仅能够增强他们的法律意识，更能够使他们更好地为公民服务，维护社会的公平与正义。这样的训练不仅能够提高官员们的专业水平，更能够增强他们的责任感和使命感，使他们更加自信、从容地面对工作中的挑战和困难。从某种意义上说，大学的法学教育对于法律执业者的法治理念和性格塑造起着至关重要的作用。这是因为法律执业者是维护社会公平正义的重要力量，他们必须具备坚定的法治信仰和良好的职业素养。通过法学教育，他们可以深入理解法律的本质和价值，掌握法律思维和法律技能，从而更好地履行职责，服务社会。

（2）法学家的影响

兰德尔曾是纽约州的一名律师，于 1870 年被任命为哈佛大学法学院院长。在任职期间，他致力于推动哈佛法学院的改革，并取得了显著的成果。他扩大了教师队伍，提高了学生的入学标准和学术水平，并要求学生必须在进入法学院学习之前取得大学学位。这些改革使哈佛法学院得以迅速发展，成为世界知名的法学院之一。

兰德尔创立了著名的"判例教学法"，这种教学方法虽然已经有所变化，但至今仍然广泛应用于美国的法学教育中。这种教学方法具有独特的优点，这也是兰德尔最为自豪的地方，具体如下。

① 案例教学能让学生沉浸在真实的法律环境中，为学生提供进行法律分析的珍贵素材和机会，借此，学生的独立分析和解决问题的能力能够得到显著提升，绽放出更具吸引力的思维光芒。

② 与演讲式教学不同，学生可以获取更多的信息量。在课前，教授会布置判例，要求学生进行预习，这样可以使学习阶段更加提前。

③ 学生跟教授的互动，就像玩头脑风暴，能让学生思考更灵活。课堂上，反复讨论事情，可以让学生学会像律师一样去辩论。所谓的"法律脑袋"，就是这样互动辩论中慢慢磨出来的。教授们不只是教条地传授知识，更是手把手教学生如何解决实际问题。对于学生们来说，理解法律制度的实质当然重要，但更重要的是要学会如何运用这些制度来解决问题。

（3）法学教授的影响

美国在宣告独立时，律师的训练主要依赖学徒制。然而，随着时间的推移，私立和公立法学院开始兴起，逐渐取代了学徒制，成为较为正规的法学培训方式。这些法学院的出现，为美国培养了大量的法律人才。18世纪末至19世纪初，塔平·里夫法官创办了美国第一所私立利奇菲尔德法学院，这所学院为其他大学设立法学院提供了范例。到1950年，通过学徒培养和自学出身的律师已经几乎不存在了，法学院成为了培养律师的主要场所。在南北战争之前，法官是法律世界中最重要的角色，他们的判断影响着整个国家的法律走向。然而，到了19世纪中叶，大学教授开始崭露头角，对美国法律的形成产生了深远的影响。

随着法学院教育水准的逐年提升，教授的地位也如日中天。然而，这并非仅因为他们的社会地位得到提高，更是因为他们的学术造诣和专业素养得到了广泛的认可和尊重。他们肩负着引领学术研究、培养新一代法学精英的使命，为推动法学教育的发展贡献着智慧和力量。在法学院的教育中，法学教授们是中流砥柱。他们在课堂上传道授业解惑，用深入浅出的讲解帮助学生理解法律的精髓。他们严谨治学、诲人不倦，以卓越的学术素养和人格魅力感染着学生，激发他们对法律的热爱和追求。美国法学教授们的影响力不仅限于学术界，他们的声音在社会上同样举足轻重。他们积极参与政策制定和社会议题的讨论，用法律的专业眼光为解决社会问题提供独特的见解和建议。他们的智慧和贡献为社会的发展和进步注入了源源不断的活力。总的来说，美国法学教授们在法学教育、学术研究、公共事务等领域都发挥着不可或缺的作用。他们的专业素养和社会贡献赢得了社会的广泛认可和崇高声誉。他们是社会进步的推动者，用自己的智慧和力量为人类社会的法治建设和公平正义贡献着力量。

（二）美国法学院的教学方法与课程类别

1. 教学方法

美国法学院的教育模式以其独特的 J.D 法学博士为核心，而法学硕士 LL.M 并没有特定的教学和课程要求。这种教育模式以苏格拉底式问答式教学为基础，摘录真实案件，涵盖历史发展、基本事实、法庭规则、判决分析等多个方面。在第一年的学习中，学生需要掌握大量的法律知识和分析技巧，通过不断地实践和训练，逐渐适应法律职业的严格要求。在第一年的学习中，教授们通常采用苏格拉底式问答式教学，通过引导学生思考和讨论真实的法律案例，培养学生的法律思维和分析能力。这种教学方式需要学生积极参与和主动思考，摘录真实案件并对其进行深入分析。学生还需要掌握大量的法庭规则和判决分析等方面的知识，这些都是成为一名合格的法律专业人士所必需的。到了第二、第三年，学习重点转向了演讲和表达。学生需要不断提高自己的演讲技巧和表达能力，以便在未来的职业生涯中能够有效地与客户、法官和同事进行沟通。为了达到这个目标，学校会邀请校外著名教授来校进行演讲，为学生提供更广阔的视野和更深入的学习机会。这些教授通常具有丰富的实践经验和深厚的学术背景，他们的演讲内容涵盖了法律的各个领域，包括公司法、刑法、宪法等。除了演讲课程，部分课程还会进行"诊所式"教学，如审判实习等。这种教学方式旨在帮助学生将理论知识应用到实践中，提高他们的法律实践能力。学生可以在模拟的法庭环境中扮演不同的角色，如法官、律师、陪审团等，通过模拟真实的审判过程，加深对法律程序和法律规则的理解。

2. 课程类别

法学院的课程分为基础课和高年级课两大类。秋季基础课包括侵权法、民事程序法等；春季课程包括宪法、刑法、法律思想、规范政府基础。

高年级课程主要有以下四种。

（1）演讲式课程

此类课程犹如一座法律知识的宝库，涵盖了公司法、行政法、财产法等多领域的法律知识。在教授们的精心指导下，学生们得以一窥法律世界的奥秘。教学以讲授为主线，辅以提问的方式，使课堂充满互动与活力。教授们各具特色，有的以独到的见解引领学生们探索法律的真谛，有的则通过提问引导学生们思考，激发学生的求知欲。课程伊始，教授们会为学生们提供一份详尽的课程提纲，列出授课要求、阅读量及考试方式。这不仅让学生对课程有更清晰的了解，也为学生们提供了明确的学习方向。课前阅读作业的布置，让学生们在忙碌的学习生活中找到了平衡，阅读量从 10 页到 50 页不等，既保证了学生们的学习质量，又不过度增加学生们的负担。在课堂上，教授们不会重复阅读材料的内容，而是针对材料中的重要观点进行深入探讨和澄清。他们以案例为主导，通过提问的方式引导学生们概述案件的主要事实、判决内容和理由。这些案例具有代表性和争议性，通过教授的引导，学生们得以深入思考，培养了学生们的思维能力和法律素养。总的来说，此类课程不仅让学生们领略了各部法律的风采，更让学生们在思考与探索中成长。教授们的悉心指导与启发，使学生们在法律学习的道路上更加从容与坚定。

演讲式课程的考试方式独具特色，由教授自由掌握，不仅局限于课堂内，还延伸至课外。课堂内的考试由监考老师严格监考，而课外部分则由学生回家完成。这种考试方式充满了灵活性和多元性。考试采用专门的软件，有效防止学生上网查询，确保了考试的公正性和客观性。学生完成考试后，将软盘上交至学校，由学校统一打印，并以匿名的方式交给教授批阅。这种流程既保证了考试的顺利进行，又保护了学生的隐私权。绝大多数考试采用开卷形式，这给学生提供了更广阔的思维空间和更多的答题机会。然而，考试期间禁止学生互相讨论，确保了考试的公平竞争。教授们认为出考题是一项极其费时费力的工作。他们必须仔细斟酌每道题目，既要确保难度适中，又要能够区分学生的成绩等级。从 A 到 D 的等级制度，为学生们设立了明确的目标和期望。法学院的学生们都以能够拿到 A 为自豪，这不仅体现了他们的学术实力，也彰显了他们在法律领域的卓越才能。

（2）讨论课程

该课程致力于传授高级法律知识，让学生深入了解各个法律部门。以大量阅读为基础，鼓励学生积极参与课堂讨论，并邀请业界专家共同探讨。课程注重写作能力的提升，根据课程内容要求学生撰写针对性论文，包括短篇论文和长篇论文两种形式。摒弃传统考试方式，采用论文和课堂讨论表现作为评价标准，教师可以根据学生表现进行成绩等级划分，但非强制要求。这种教学模式不仅关注学生的学术成果，更注重培养学生的思考能力和实践能力，激发学生对法律领域的兴趣和热情。法学院流行的课程包括谈判和交易等，这些课程为学生提供了各种谈判技巧和撰写法律文书的机会。通过大量的练习和理论指导，学生可以更好地掌握这些技能，并在未来的职业生涯中受益。

（3）"诊所式"教育

学生通过参与"法律诊所"活动，与律师共同处理真实的法律问题，从而深入了解律师工作的实际操作和技能要求。这种教育方式以实践为核心，有助于学生更好地理解律师的工作内容，并提升他们的沟通技巧和问题解决能力。除了处理法律问题，"法律诊所"还注重培养学生的接待客户技能，包括建立信任、有效沟通、解释法律问题和提供切实可行的解决方案。这种技能对于律师至关重要，因为良好的客户关系是成功的关键之一。通过"法律诊所"的教育模式，学生可以更好地了解律师工作的实际需求，提升他们的法律素养和实践能力，为未来的职业发展打下坚实的基础。

（4）实习

实习是美国法学院学习经历中不可或缺的一部分，实习经历能够帮助学生将理论知识应用到实际工作中，提高专业技能和职业素养。法学院会根据学生的主修课程和兴趣爱好，安排学生去各种机构实习，让学生更好地了解法律行业的运作和职业环境。通过实习，学生可以学习到许多实用的技能和经验，为未来的职业生涯打下坚实的基础。

法学院的课程涵盖了多个领域，学生可以根据自己的兴趣和需求自由选择。除了知识产权法之外，还有法律与文学、法律与音乐等其他富有吸引力的课程。在假期期间，学生可以注册自己感兴趣的课程，以确保找到真正适合自己的课程。在这里，学生可以根据自己的兴趣和需求选择不同的课程组合，学校也鼓励学生进行跨学科学习。总之，法学院的课程丰富多彩，学生可以自由选择适合自己的课程组合，从而提升专业素养和综合能力。

二、德国的法学教育

（一）德国法学教育的依据

德国《法官法》对法学教育进行了详尽规定。按照该法第五条，要成为法官，需完成大学法学专业学习并通过第一次国家考试，再完成见习服务并通过第二次国家考试。这一规定确立了德国法学教育的基本模式，包括大学学习和见习服务两个阶段，这两个阶段的结束标志分别是第一次和第二次国家考试。这一规定的重要意义在于为德国法学教育提供了清晰、严谨、精确的路径，确保了法学教育的质量和水平。

在德国，完成全部法学教育是成为法律专业人士的必要条件。如果想成为法官、检察官、律师或公证员，必须先通过两次国家考试，并且必须是全职的法律从业人员。此外，全职的法律从业人员也是德国高级文职官员的重要来源之一。如果想从事法律职业或成为高级文职官员，必须先成为全职的法律从业人员。这是德国法律规定的要求。

德国报纸杂志上的招聘广告表明，社会对法律从业人员的需求已经不再局限于传统的范畴。为了确保高质量的法律服务，德国的法学教育始终以《法官法》为基本依据。与其他专业性强的职业一样，从事法官职业需要经过长期的职业教育和培训。这部法律之所以对法学教育作出规定，是因为培养法官一直是法学教育的核心目标。尽管只有少数人能够成为法官，但这个标准却被保留下来。德国法学教育按照培养法官的标准来设计，这种设计是一种高标准的设计，因为从理论上讲，能成为法官也一定能从事其他法律职业。由此可见，德国法学教育的目标是培养具有广泛适应性的完全的法律从业人员，并以法官为标杆。

（二）德国法学教育的阶段

1. 德国法学教育第一阶段：大学学习

德国的《法官法》第五条为法学教育奠定了坚实的基石，它详细规划了大学学习阶段的学习期限、学习内容、实习和成绩考核，确保了法学教育的系统性和规范性。这一规定不仅为法学教育提供了明确的方向，也为培养优秀的法律人才提供了有力的保障。在德国的法学教育中，大学学习阶段是至关重要的。根据《法官法》的规定，大学生需要在法律学院进行系统的学习，包括法律理论、法律史、法律实践等多个方面。同时，学生还需要进行实习，以便更好地了解法律实践，提高解决实际问题的能力。

（1）大学学习的目标和期限

《法官法》规定，大学学习时间最少要三年半，但如果学生有资格参加第一次国家考试，学习时间可以缩短到不少于两年。不过，这个规定只规定了学习时间的最小值，没有规定最大值。实际上，大多数学生需要四到五年的时间来学习，才能参加第一次国家考试。所以，各州和大学对学习时间的规定都比三年半要长。例如，慕尼黑大学的《法学学习规则》第三条规定，学习时间（包括参加第一次国家考试的时间）是四年半，也就是九个学期。也就是说，学生们需要花更长的时间来学习法律知识，才能成为合格的法官。但是，在某些情况下，学生可能会在三年半内完成学业并通过考试。这取决于他们的学习进度和考试成绩。如果一个学生在三年半内完成了学业并通过了考试，那么他或她就可以提前毕业。此外，学生还可以选择在三年半内完成学业并通过考试后，继续在大学学习一段时间，以加深对法律知识的理解。这种学习可以是有偿的，也可以是无偿的。总的来说，《法官法》对大学学习期限的规定是一个下限，各州和各大学可以根据实际情况规定更长的学习期限。

（2）大学学习的内容

《法官法》规定，大学学习的内容分为必修和选修课程，这是为了全面提升学生的法律素养，为他们未来的职业生涯打下坚实的基础。必修课程是每个学生必须学习的，涵盖了民法、刑法、公法和诉讼法的核心内容。这些课程是法律专业的基础，通过深入学习这些课程，学生可以掌握法律的基本概念、原则和理论，为日后的法律实践打下坚实的基础。除了核心课程外，必修课程还包括欧洲法、法学方法论、哲学、历史和社会基础知识。这些课程可以帮助学生更全面地了解法律体系和法律文化，培养他们的法律思维和判断能力。选修课程则提供了更为丰富的选择，学生可以根据自己的兴趣和职业规划选择适合自己的课程。这些课程可以帮助学生深化对必修课程的理解，拓宽知识面，培养综合素质。各州法律和大学规章对学习内容有详细规定，为学生提供了更为广阔的学习空间。例如，慕尼黑大学的《法学学习规则》详细列举了必修课程和选修课程的多个方向，使得学生的学习更加系统化和有针对性。除了专业课程外，学生还必须参加经济学、专业外语或其他非法律专业课程的学习。这些课程可以帮助学生了解其他领域的知识，拓宽视野，提高综合素质。

这种多元化的学习不仅有助于提高学生的综合素质，还为他们的未来职业生涯打下了坚实的基础。通过深入学习法律专业知识，并辅以其他领域的知识，学生可以更好地适应社会的需求，为未来的职业生涯做好准备。

（3）大学学习的课程类型

在德国，大学法学学习的课程有多种类型，各大学的课程类型也不完全相同，但下述几种课程类型在各大学却是常见的。

1）大课讲授（Vorlesongen）

大课讲授是德国大学最基本的教学形式，其特点是以教师讲授和学生听讲为主。在大课讲授中，教师会向全体学生传授知识，而学生则通过听讲来理解和掌握课程内容。此外，大课讲授通常没有正式的对话或讨论环节，教师与学生之间缺乏互动交流。

2）基础教程（Grandkurse）

在德国，许多大学都提供基础教程。这些教程通常包括大课讲授和初级练习课，涵盖民法、刑法和公法三个领域。基础教程的学习是强制性的，只有通过基础教程的考核，学生才能学习更高级别的练习课。

3）专题研究报告（Seminar）

专题研究报告以教师引导和讨论为主，需要提前报名并做相关准备。每个学生需在教师指导下自行进行专题研究并回答提问。在某些大学中，专题研究报告是获得第一次国家考试资格的必要条件之一。

4）练习课（Uebungen）

练习课是一种以实践训练为主、理论学习为辅的课程，旨在培养学生的实际操作能力。通过分析真实案例，学生可以深入了解各种类型的组织在面对各种问题时的决策和执行过程，同时学习到许多实用的分析方法。此外，练习课还会进行一系列的系统训练，包括模拟操作、角色扮演、情境模拟等，帮助学生更好地掌握实际操作技能。总之，练习课是一门非常实用、非常有价值的课程，对于想要成为优秀的管理者或领导者的人来说，这门课程是绝对不可错过的选择。

5）初学者学习小组

学习小组分为民法学习小组、刑法学习小组和公法学习小组三种，由助教或博士生主持，解决学习中的难点和进行案例分析训练，参加者通常为一年级学生，取得成绩是参加练习课的必要条件。

6）其他课程

除了上述所提及的课程，还有深入复习指导课程，以及国家考试备考课程等。这些课程旨在帮助学生更好地掌握所学知识，提高考试成绩，为未来的学习和职业生涯打下坚实的基础。

（4）必修课程学习的阶段划分

必修课程的学习阶段划分和各阶段学习内容的安排，是由各个大学自行决定的。以慕尼黑大学的《法学学习规则》为例，该规则将全部必修课程的学习划分为三个阶段：初级阶段、中级阶段和复习加深阶段，并规定了各阶段应达到的水平。对于必修课程的学习阶段划分和各阶段学习内容的安排，不同的大学会有不同的规定。学生应该根据自己的实际情况和学习需求，制订出适合自己的学习计划，并严格按照计划执行，以达到最佳的学习效果。

1）初级阶段

在初级阶段，学生需要掌握基础的法律知识，了解法律体系的基本框架和法律条文的基本含义。这一阶段的学习内容主要包括法律基础课程、法律条文解读课程、法律案例分析课程等。初级阶段共有四个学期，依次为第一学期至第四学期。根据慕尼黑大学《法学学习规则》第六条第二款的规定，初级阶段学习的目的是引导学生进入紧张独立的法律学习阶段，并培养他们批判式思考的能力。该阶段的学习内容主要包括民法（含民法总则、债法、动产物权法）、刑法（含刑法总则、刑法分则）和公法（含国家法、行政法导论），每门课程学习一年。此外，学生还需学习法制史、法哲学、法社会学等专业基础课程。对于民法、刑法和公法的学习，学生需参加基础教程班；而对专业基础课程的学习则通过大课的形式完成。

2）中级阶段

在中级阶段，学生需要进一步深入学习各个法律领域的专业知识，了解各个领域的法律规则和法律实践，并能够运用所学知识解决一些实际的法律问题。这一阶段的学习内容主要包括各个法律领域的专业课程、法律实践模拟课程、法律研究方法课程等。中级阶段从第三学期开始到第七学期结束，共计五个学期。这个阶段的任务是深化和扩展初级阶段学到的知识，并为将来参与国家考试奠定基础。为了达到这个目的，该阶段引入了高级练习课和选修课程，同时还有补充课作为必修课程的延伸和补充。中级阶段是一个承上启下的阶段，它需要对初级阶段的知识进行深化和扩展，同时还要为将来的专业方向发展做好准备。因此，该阶段的中心任务仍然是学习必修课程，但同时也需要兼顾选修课程的学习。

3）复习和加深阶段

在复习加深阶段，学生需要对所学知识进行系统性的复习和加深，进一步提高自身的法律素养和法律实践能力。这一阶段的学习内容主要包括综合性法律课程、法律实践项目、法律写作训练等。复习与深化阶段是必修课程学习的压轴戏码，时间长达三个学期。此阶段的要务在于：通过涉猎各类备考国家考试的复习课程，使学生对第一次国家考试的知识掌握得更加牢靠。此外，该阶段还将助推学生在选修课程方面的专业本领获得长足发展。

（5）选修课程的设置与专业方向的确定

在大学课程中，除了必修课程外，学生还有机会选择丰富多彩的选修课程。这些选修课程遵循《法官法》的规定，确保大学课程既全面又灵活。学生可以根据自己的兴趣和职业规划选择适合自己的课程。选修课程的内容涵盖了指定、补充和任意选修课程，其中前两项是必须选择的课程。这些课程通常从必修课程的中级阶段开始，一直到第一次国家考试前结束。通过选修课程的学习，学生可以拓展自己的知识领域，提升综合素质。设置选修课程的意义不仅在于推动学生的专业化发展，以适应社会对专业化法律从业人员的需求增长，更在于帮助学生更好地准备国家考试，为他们未来的职业生涯奠定坚实的基础。同时，选修课程也有助于学生拓展视野，了解不同领域的知识，提升综合素质。通过选修课程的学习，学生可以获得更广泛的知识选择和实践机会。这些课程注重培养学生的实践能力和创新思维，使他们在未来的职业生涯中更具竞争力。同时，选修课程也有助于学生拓展视野，了解不同领域的知识，提升综合素质。

（6）大学学习期间的实习

大学期间的学习，除了丰富多彩的课程学习，还有令人期待的实习体验。在无课期间，学生们可以全身心地投入到实习中，实习时间不得少于三个月。各州法律对实习的具体安排有着不同的规定，但都为学生们提供了宝贵的实践机会。以巴伐利亚州《教育与考试规则》第十四条为例，该条款对法学专业学生的实习做出了具体规定：学生实习时间为三个月，实习内容涵盖民事、刑事，以及行政管理等领域，每个领域实习时间各占一个月。实习地点可以是司法机关、行政管理部门、律师事务所或其它相关部门。在律师事务所进行的实习可以包括民事方面、刑事方面，以及行政管理方面的实习。州司法考试局和内政部或由它们授权的机构负责安排具体的实习部门。此外，学生也可以选择在国外进行实习，但要确保实习开始时间不早于第二学期课程结束之前。如果实习期间还需参加相关课程，学生必须参加。同时，实习单位必须对实习过程中需要保密的事项严格保密。这样的实习经历将帮助学生们更好地理解法律知识，提升实践能力，为未来的职业生涯打下坚实的基础。

2. 德国法学教育第二阶段：见习服务

考生在通过第一次国家考试后，便可以申请进入德国法学教育的第二阶段——见习服务阶段。根据《法官法》第五条及相关条款的规定，这一阶段的培训制度和内容得到了明确的规范。此外，各州法律也对这一阶段做出了进一步的规定。在这一阶段，受训者被称为"候补官员"，并享有临时公务员的身份，可以领取津贴。这一阶段为受训者提供了宝贵的实践机会，帮助他们更好地适应未来的法律职业。

（1）见习服务的目的、部门和期限

以巴伐利亚州为例，在教育与考试规则的指导下，见习服务旨在引领那些初次通过国家考试的"候补官员"深入司法和管理的核心领域，从而全面掌握法律的实施。法学教育的终点，是"候补官员"能够独立应对未来法律实践工作的能力，并灵活适应社会多元且多变的要求。根据《法官法》第五条的规定，见习服务的部门被划分为必选和自选两大类别。其中，必选部门包括法院的民事审判庭、刑事审判庭或检察官办公室、行政部门和律师事务所。而自选部门则赋予候补官员们更大的选择空间，他们可以在规定的范围内自主选择一个作为见习服务的部门。自选部门同样涵盖了必选部门中的任何一个部门，而且进一步延伸到了联邦或州立法机构、公证处、行政法院、财政法院、劳动法院或社会法院、工会、雇主协会或其他经济、社会、职业等自我管理组织、企业、国际组织、国家间或外国培训机构，以及外国律师事务所等其他相关培训机构。

德国各州的见习服务时间规定都有所不同，但大多数是两年。《法官法》规定，见习服务时间得包括在法院、检察官办公室、行政法院、政府机构、律师事务所等部门的培训。在巴伐利亚州，"候补官员"要在司法部门接受九个月的培训，其中六个月在民事法庭，三个月在刑事法庭或检察官办公室；还要在公共管理部门接受七个月的培训，其中五个月在州议会办公厅或乡镇公所，两个月在政府机构、行政法院或州检察官办公室；另外还得在律师事务所接受四个月的培训；最后四个月，"候补官员"可以在该法规定的三十个见习服务部门范围内选择一个继续接受培训。

（2）见习服务中的入门培训和学习小组

在实习期间，"候补官员"将接受至少三个月的培训，为未来的职业生涯做好充分准备。当他们踏入司法部门和公共管理部门开始实习时，将接受相关的入门培训课程，以了解和熟悉各个领域的专业知识和技能。司法部门的入门培训课程分为民事法庭和刑事法庭或检察官办公室两个方向，旨在帮助"候补官员"全面了解和掌握法律领域的专业知识和技能。在必修部门实习期间，"候补官员"有幸加入学习小组，与同学们一同追求知识、分享思想。他们严格遵循负责人的要求，认真完成各项考核，增强自身在劳动法方面的专业素养和能力，为自己的未来发展铺设坚实的基石；而在公共管理部门实习期间，则必须参加税法的专门培训，使他们深入了解和掌握税法知识和技能。通过这些专业而全面的培训课程，"候补官员"将能够更好地为未来的职业生涯做好准备，为社会的公正和繁荣作出更大的贡献。

三、法国的教育体系

法国的法学教育体系包括三个阶段：法学本科、法学硕士和法学博士。通常，法学教育体系严谨，学制设置科学。本科阶段为三年，硕士阶段为两至三年，博士阶段则超过三年。与其他专业相比，法学专业的淘汰率较高，本科阶段淘汰率超过五成。这种高淘汰率确保了法学专业学生的专业基础和业务素质相对较高，为未来的法律职业道路打下了坚实的基础。同时，这种淘汰机制也激励着学生们不断努力学习，提高自己的专业素养和竞争力，以在激烈的市场竞争中脱颖而出。

（一）就业率接近 100%——选择适合自己的职业

对于一名学习法律专业的毕业生来说，找到一份工作并不是一件难事。南锡二大近期对毕业生就业情况进行调查。结果显示，多数毕业生在短期内找到满意工作，三成以上选择深造。仅少数未能成功就业，其中包括未积极寻找工作的学生。经济、法学、管理专业毕业生就业率极高。考虑到南锡二大法学院的排名，法国法科毕业生在就业市场上表现出色，展现出极高的就业率。这些法科精英们面临的主要问题是如何在众多职业中选择一个符合自己兴趣和能力的司法职业，并在该领域中发挥出自己的最大优势。他们渴望找到那个能让自己才华得到充分展示的平台，为法国的司法事业贡献力量。

（二）失业游行中——法科学生缺席

未能顺利获得学位的学生，他们面临的失业风险更高，特别是那些为了专注撰写博士论文而耽误了求职的高年级学生。据统计，这一群体的失业率约为 5%，略低于当时全法的平均失业率（约 9%）。为了解决年轻学生的失业问题，法国政府推出了一系列激励措施，如"首次雇佣合同"和"帮助困难青年就业机制"。然而，这些措施对法科学生的影响并不显著。研究显示，大部分失业的年轻学生并非找不到工作，而是选择不去就业。这一现象让人深思：我们是否应该更多地关注和理解这一群体的困境与选择，以及如何在教育与就业之间找到更好的平衡点。同时，我们也需要反思当前的就业环境和教育制度，以便更好地适应市场需求和人才培养的需求。

（三）就业优势明显——择业面广

法科学生，这个职业选择丰富多元，前程似锦的群体，他们的未来充满了无限的可能性。作为法科学生，他们可以选择投身律师、企业法律顾问、法官、检察官、司法辅助人员等职业领域，但这些职业都需要通过相应的考试和系统的职业教育才能胜任。以法国为例，想要成为律师的法科学生需要先通过地区律师职业培训中心的入学考试，然后经历长达十八个月的严格职业培训，并成功通过结业考试，方可获得"律师职业资格证书"。这个过程不仅是对学生法律知识的考验，更是对他们职业素养和能力的检验。同样，希望从事司法官职业的法科学生也需通过相应的培训和考核，以证明自己的专业能力。值得关注的是，法国司法官学校的会考成绩要求略低于同期全法失业率（约9%）。这样的要求显示出法科学生在就业市场的竞争优势和广阔前景。这些法科学生经过专业的培养和教育，具备了扎实的法律知识和实践能力，将成为社会不可或缺的一环，为社会的发展和进步作出贡献。他们将运用所学的法律知识，为社会的公正和公平保驾护航，为人们的权益提供有力的保障。

第五章

法学教育与创新人才培养的
措施与路径

第一节　法学专业实践性教学研究

法学是一个理论性和实践性都很强的学科，国家和社会的稳定发展都离不开法律，法学正是确保法律有效落实的重要路径。因此，世界各国都非常注重法学教育，并将法律应用能力作为法学教育的主要培养目标。实践教学是提升法学教育专业学生法律应用能力的重要途径，通过实践教学可以帮助相关专业学生不断积累相关法律应用经验，找到更好的利益维护措施，以便能够在日后工作中为委托者保驾护航。如此看来，高校要重视法学专业实践教学，改变并克服以往重理论轻实践的教学方式，平衡好理论教学与实践教学关系，提升法学专业教学体系的科学性、系统性和实效性。在这个过程中，需要探究实践性教学具体环节及落实措施，这也是本章探讨的重点问题。

一、法学课程实践性环节教学设计

实践教学分为第一课堂实践教学和第二课堂实践教学。第一课堂实践教学，是指本科培养方案中的实践教学内容。主要包括案例教学、课堂讨论、模拟审判、诊所教育、物证实验、专业见习、专业实习、学年论文与毕业论文等。第二课堂的实践教学，是指本科培养方案之外的与法学专业相关的学生实践活动。主要包括专业参观、观摩和旁听审判、演讲、辩论、知识竞赛、社会调查、法律援助、课外科研等。第一课堂实践教学是第二课堂实践教学的前提和基础；第二课堂实践教学是第一课堂实践教学的延伸和发展。

（一）第一课堂实践教学主要环节

1. 案例教学和案例分析

案例教学法是一种常见的实践教学方法，通过使用案例教学法，可以帮助学生深入相关案件情境，并了解他人的优秀做法，可以带给学生更多启发，帮助学生积累更多法律知识应用经验。在案例教学法中，教师需要收集整理一些适合本专业课程的经典案例，并根据教学内容和教学目标巧妙地启发学生，让案例教学分析变得更具针对性和实效性。通过对案例的剖析，学生可以学习到如何分析法律问题、如何运用法律原理和规则解决实际问题，从而实现从具体到一般的抽象过程。这种教学方式不仅有助于提高学生的法律素养，还可以帮助他们更好地适应未来的法律职业要求。

案例教学法是一种以案例为基础的教学方法，由哈佛法学院院长朗代尔教授首创，被广泛应用到教育领域中。英美等发达国家，尤其注重案例教学法应用，利用该教学方式来充分激发学生主观能动性，构建开放、自由的教学氛围，学生可以尽情想象和验证。在具体教学中，朗代尔教授提倡以判例书为教材，通过问答式教学方式进行师生双向互动，提升师生互动交互性，杜绝教师绝对权威者、灌输者可能性，通过良性互动引导学生提前研读案例和思考案例，进而在师生互动中加深理解，提高学生相关法律应用能力。相对于纯理论性法学课程教材来说，判例书有着极强的实践性，更适合学生理解和应用。该教学方法在 1870 年得到普遍推广应用，成为当时极具功效的法律教育方法。在引入中国教育领域后，也得到了国内法学教育专业推崇。

案例分析是一种综合运用性学习方式，不仅考察学生对知识的理解程度，还考核学生的知识运用能力。在案例教学法中，教师是主要角色，负责完成理论阐释工作。而在案例分析中，学生是主要的参与者和分析者，通过让学生进行案例分析来实现理论知识与实践有机联系。案例分析并不局限于课堂教学，在课前、课后也可以进行，不仅适用于实体法教学，还能应用到程序法教学中。通过让学生进行案例分析，可以综合考察学生对相关法律的了解和掌握程度，更好的进行诊断和点评，通过教师点评，学生也可以及时了解到自己在分析案例中存在的不足，从而可以为促进学生进步和发展提供针对性建议。同时，教师也要阐述案例分析的正确做法和要点，让学生了解案例分析的重点在哪，就可以为后续学习提供有效帮助。

实现案例教学法方法要注意以下三方面。第一，在课程教学中增加案例解析内容，逐步将"注入式"的教学发展为"启发式"教学，在课堂上组织学生进行讨论并发言，有条件的可以进行课堂辩论或演说，锻炼学生的表达能力，培养形成法律思维。第二，每位教师都应积极参与到面授时间内的案例讨论中，同时教师还可以有选择地将这些讨论内容全程录像并制作成数字媒体，通过网络共享平台，逐渐形成一套丰富多彩的案例教学资源。这些资源不仅可以帮助教师提高教学质量，还可以为学生提供更加生动、形象的学习体验。第三，当教师收集的教学案例不足时，可以通过购买其他教学资源或音像教材的方式丰富教学内容，通过拓展教学资源来丰富学生见识，让学生在对比中深入掌握相关知识。如果是音像教材，可以统一组织学生观看，让学生在观看过程中找到与课程知识相关的内容。这样可以让学生更好地理解课程内容，提高学习效果。同时，也可以减少教师的工作量，让他们有更多的时间和精力去准备其他教学内容。

2. 模拟审判

模拟审判是一种创新的教学模式，通过模拟真实的法律环境和流程，为学生提供实践性的法律训练，使课堂教学更加生动有趣。相比传统法学教育方式，模拟审判具有以下特点。第一，学生和教师的角色和地位发生了转变。学生成为学习的主体，扮演律师、法官、检察官或当事人的角色，积极投入案件的审理和解决中，而教师则扮演辅助性的角色，提供必要的指导和评价。第二，模拟审判不仅涉及单一科目的学习，而是提供全面的、全过程的训练。学生需要整合零散的案件材料，分析法律关系，找到法律依据，形成法律意见并书写法律文书。通过亲身参与具体案件的处理，学生能够全面了解案件进展的全过程。因此，模拟审判是一种有益的教学方式，能够提高学生的法律素养和实践能力。

模拟法庭实践教学模式是一种通过模拟真实法庭情境来帮助学生熟悉相关司法流程及法律知识的方式。通过模拟法庭实践教学，学生可以同时获得实体法和程序法双重实践经验，提高学生法律应用能力和实践操作能力。该实践教学方法具有很强的适用性，可以广泛应用到法学专业各类课程中，尤其是应用性课程，通过展开该实践教学，可以很好的实现知识传播与能力培养的有机统一。

在法学本科高年级阶段，教师应充分利用学院的模拟法庭，选择典型案例，安排学生担任不同的角色，组织学生在模拟审判中进行应用法律知识处理实际纠纷的训练，从而加强学生对司法程序的认识，锻炼学生解决实际问题的能力。承担专业必修课程中部门法学教学任务的教师，就该门课程应至少组织学生进行一次模拟法庭训练。由于法学专业课程都是为了提高学生法学专业知识和能力服务的，这些课程具有很强的联系性，在进行模拟法庭时，需要综合多科师资力量和资源，共同组织模拟法庭训练活动，多方位考核学生法律知识运用能力。

3. 模拟听证会

听证会是一种重要的制度，起是一种新生事物，起源于英美国家，通过将司法审判模式引入行政、立法程序来进行判定。在听证会中，意见相反的双方可以互相辩论，他们的辩论结果会影响到最后的处理方案，对最后处理有较强的拘束力。在美国听证会上，会由行政机关指派一名行政法官主持，听证过程完全克隆法庭辩论，辩论双方不仅可以发表自己的意见，还可以提供证人、文件等支撑自己观点。最后，行政法官需要作出相关裁决，裁决内容必须详尽回应双方观点，否则该裁决将可能因为程序问题而被判无效。

在我国法学环境中，听证制度可以应用到以下四种情况中。

第一种，在《中华人民共和国行政处罚法》中，当行政机关作出较大行政处罚决定时应该组织听证，主要涉及内容为吊销许可证和执照、责令企业停产停业、数额较大罚款等。第二种，在《中华人民共和国价格法》中，当需要由政府统一指导定价时，应当组织听证，主要涉及内容为公益性服务价格、自然垄断经营的商品价格、与群众利益密切相关的公用事业价格等。第三种，在《中华人民共和国立法法》中，可以通过听证会形式进行法律、行政法等法律草案起草。第四种，在《中华人民共和国行政许可法》中，在涉及公共利益重大行政许可事项时，应当举行听证，主要涉及内容为法律、法规、规章规定实施等事项。

除此之外，在行政法与行政诉讼法、经济法等课程的教学中就可以开展模拟听证会的教学。

4. 模拟仲裁

我国现在已有劳动仲裁、人事仲裁、民事仲裁。《中华人民共和国劳动争议调解仲裁法》的施行，标志着劳动争议处理的法律依据趋于完善。通过采用模拟仲裁教学方式，可以帮助学生深入了解庭审过程及主要内容，可以提前做好相关准备工作，加深学生对实体法与程序法的理解和应用。仲裁模拟的前提在于熟练掌握相关法律法规各项条例，这样才能在具体仲裁中依据法律法规进行合理仲裁。不同仲裁类型的法律依据有所不同，在法学教育教学中要指导学生认识、熟读相关法律法规，从而可以采用正确的方式完成各种仲裁活动。

5. 诊所式教学

诊所式教学最早被应用到医学临床教学领域，在 20 世纪 60 年代开始被应用到法学教育领域，并逐渐成为常用法学教育模式。该方法与案例教学法有很多共通之处，都非常注重实践经验教学，与案例教学法不同的是，该方法还借鉴了医学领域的临床教学模式，通过临床指导式引导确保学生都能积极参与到法律实际运用过程中。在该模式教学下，很好的提升了学生的法律实践能力，学生真正做到学以致用，极大加深学生对相关理论及制度的理解。这种教学模式有广义和狭义之分。前者指的是只要涉及相关法律知识的课程或职业都可以通过诊所式教学提高学生法律应用能力；后者指的是教学需要局限在某个真实案例中，让学生在真实案例处理中掌握相关法律知识要点。不管是广义还是狭义，都必须做到以下几点：一是教会学生如何做事；二是教会学生如何做人；三是为社会提供法律服务。在诊所课程中，学生得以一窥真实的法律世界，与当事人面对面交流，运用法律知识进行实践操作，深入了解社会大众的法律需求，并使自己的能力得到锻炼和提升。在这里，他们学会了如何"诊断"和"治疗"法律问题，如何为社会大众提供优质的法律服务。通过这种方式，学生们不仅能够积累宝贵的实践经验，还能够为社会作出贡献。

6. 物证技术实验

物证技术实验室是指可以开展指纹实验、足迹实验、司法化学实验、模拟盗窃现场实验、模拟凶杀现场实验、模拟财务盗窃实验、物证技术综合示教实验、文件检验、测谎实验等技术工作的实验室。

实验室可以开设物证技术学、现场勘查学、文件检验学、犯罪心理学、侦查学、司法技术学等课程实验。实验室可以提供指纹检验、捺印提取、指纹提取、笔迹鉴定、足迹提取、印章印文鉴定、伪装笔迹检验、打印文书检验、数字录像中人像识别、折痕文件检验、财务室盗窃现场勘查模拟、卧室盗窃现场勘查模拟、室内凶杀现场勘查模拟等实验项目。通过实验可以培养学生现场提取证据的操作能力并提高学生对犯罪现场的理解。

要继续搞好物证技术实验，既要充分利用现有实验设备的使用效率，增添新的实验设备，增设新的实验项目。同时，推进实验内容和实验模式改革和创新，逐步增加应用法律必需的其他技术门类课程。

7. 立法诊所

立法诊所是一种基于诊所式法律教育的新型教学方式，是美国诊所式教育在中国本土化的产物，更加符合我国实际情况。立法诊所的特点在于通过立法项目来开展实践教学，让法学专业师生都能深入了解相关法律起草的意义及目的，然后根据意义和目的尝试给出合适意见，通过立法项目援助来有效推动法学素质教育。西北政法大学是我国首家自发启动诊所式法律教育的高校，并在应用过程中创立了"立法诊所"教学方式及首家"立法诊所"。该诊所参与了《西安市保障老年人权益行政执法暂行规定（草案）》的立法项目的论证。教师从正在教授的法律专业生、民商法专业、刑法专业的硕士研究生中，按照自愿报名的原则，选择了十多名同学组成"立法项目援助小组"。该小组制订了立法论证项目实施计划，计划由援助小组对该立法项目及草案进行研究分析和评估，提出法律意见书，并对原草案进行修改，制定出修订的草案。认为该法在立法宗旨、处罚种类、处罚适用等方面存在着严重缺陷，提出了十分尖锐的意见，认为是"治安管理处罚条例"的"老年版"，立法宗旨及法律手段存在着"重罚轻导"、滥用行政处罚等严重缺陷，建议终止该立法项目。西安市老龄委对立法援助小组所提供的法律意见书及背景材料给予了充分的肯定，并促使市老龄委对立法项目做出了重大调整，改变了过去制定一件处罚性政府规章的立法意向。通过这次活动，诊所师生一致认为，地方立法和政府规章的质量，有待提高。地方立法和政府规章质量不高的一个重要原因在于参与立法的主体比较单一，缺乏广泛代表性。立法者往往从狭隘的立场和部门利益出发，设定权利义务，导致立法的随意性和偏颇性。为了提高地方立法和政府规章的质量，需要扩大参与立法的主体范围，增加社会各界代表的参与机会，促进不同领域、不同群体的交流与合作，从而制定出更加科学、合理、公正的地方立法和政府规章。立法诊所式教育被法学界认为是一种成功的法学实践教育。

8. 见习实习

专业见习原则上利用第四学期至第五学期的暑假由学生自行安排，学生应当根据实际情况制定见习方案。专业实习应在第八个学期，在学院统一组织下采取集中和分散相结合的方式进行。学院和学生应当根据法学院毕业实习基本规则的要求设计实习方案，确定实习的目标、时间、地点、方式、组织管理和具体要求。见习实习是必不可少的教学实践环节，每个学生都应参加并经鉴定合格，因故不能参加者，需经学院批准后留待下一年级补习。

9. 论文写作

按照学校关于论文写作的有关规定，结合《法学院本科生学年论文管理规定》和《法学院本科生毕业论文管理条例》，组织学生写作学年论文和毕业论文。

学年论文和毕业论文的写作形式可以多种多样，学院鼓励学生选择案例分析、社会调研报告等论文形式。毕业论文写作过程中，教师应当认真指导学生选题、查找资料、写作论文和修改，切实落实论文写作的"六环节"，即规范选题、重视开题、中期检查、加强指导、严格评审、组织答辩。

为了保证论文质量，教师指导学生毕业论文原则上每人不得超过 10 篇。论文定稿后答辩前，由学院统一组织，按照一定比例抽取部分论文，邀请学院外两名同行专家对论文进行"双盲"评审，经评审合格方可进入答辩程序。在毕业论文答辩中实行指导教师回避制度。

学院对优秀学年论文和毕业论文的科研成果应当在学院网站和刊物上积极宣传，对于确有创新价值的文章积极向有关刊物推荐。

对于毕业论文一次答辩不合格者，允许对论文修改后二次答辩，二次答辩通过后再向校学位委员会申请学位。

（二）第二课堂实践教学主要环节

1. 专业参观

根据不同年级学生的特点，学院将有计划地组织学生参观与专业学习有关的展览和场所，如戒毒所、监狱、政务公开大厅并提交心得体会以备综合考核。大学四年期间应当组织学生进行专业参观 1～2 次。

2. 法律咨询或法律援助

法律咨询或法律援助是为经济困难或特殊案件的人提供无偿法律服务的法律保障制度，在社会中主要由政府设立的法律援助机构组织律师落实。将其应用到法学教育中，就是让学生对社会进行一种无偿的法律服务活动，可以为一些有法律疑难的公民或单位提供法律咨询或援助活动，以此来检验他们的专业知识水平。同时，这也可以帮助法学专业学生认清日后就业方向及自身不足之处，引导他们更好的规划未来职业和成长计划，营造良好发展环境。借助法律咨询、法律援助等社会服务活动，还能有效训练学生的专业知识素养，促使他们能够深入理解和运用相关法律条文，锻炼学生独立工作能力、表达能力和社会交际能力。在准备法律咨询的过程中，学生需要独立完成联系和准备工作，包括熟悉地方政府的工作情况。

3. 演讲、辩论与知识竞赛

演讲、辩论等方式都是常见的实践教学模式，通过利用这些教学活动，可以更好的引导学生结合某个主题深入思考和探索，进而有效将课堂内所学内容运用到课堂外去，有效提升学生综合实践能力，助力学生更好发展。

4. 社会调查

社会调查是一种加深学生社会认知的方式，可以让学生深入社会实践对各种社会现象进行多方面分析和解读，提高学生社会综合能力。高校可以利用周末、假期等时间来引导学生展开社会调查活动，深入社会基层或政府机构探究法律相关的社会现象，从而能够对社会现象有更深的了解和认识。或者，可以通过到企业、工厂、农村等地方宣传或提供无偿法律服务，积极落实法律普法工作，提高底层民众对有关法律法规的了解，让他们可以利用法律武器维护自身合法权益。在社会调查过程中，学生需要完成相关的社会调查报告，根据社会调查实践内容如实填写，可以帮助学生广泛认识社会，并提高学生资料整理能力和文字表达能力。

学院应当有计划地组织高年级学生利用寒暑假等业余时间，在农村和城市，就一些法律热点等问题进行社会调查并写出调查报告，学生也可以自主进行社会调查。在校期间每人应当安排实施不少于一次的社会调查。

5. 观摩审判

观摩审判是通过观摩实际案例审判过程、内容、结果等来帮助学生掌握相关法律专业知识，还可以通过实际案例来提升学生法治意识，引导学生正确运用法律知识维护自身及委托人员的合法权益。通过身临其境地观察法官的审判活动，以及各诉讼参与人的行为表现，学生能够更直观、全面地了解和感受司法审判的实际操作和程序。这种实地观摩的方式，能够帮助学生将所学的理论知识与实际应用相结合，深化学生对理论性知识的理解，帮助学生有效巩固和提升法律应用能力。在进行观摩审判教学时，教师要注意教学案例合理选择，遵循代表性、典型性、针对性等挑选原则，确保观摩完成后能够对学生的学习和成长有所帮助。在完成观摩审判学习活动后，最好是及时展开实践教学，让学生在实践过程中学以致用，更好的掌握相关实体法和程序法内容，更好地理解和运用所学知识。在开庭结束后，专业课教师应对案件进行详细的讲评，帮助学生深入剖析和理解案件的法律问题，提高其法律素养和分析能力。

6. 课外科研

学院鼓励并支持学生参加大学生课外科技学术活动竞赛或者与之类似的科研活动。学院每年应组织一次学生科研项目申报活动。项目分为重点项目和一般项目，设立专项资金，对不同类型的项目，给予不同程度的资助，对于按时结项并且成果优秀者予以奖励。

7. 公众法律意识调查和社会调查

为了更好的帮助学生了解社会关于法治方面的认识，学校和教师可以多多安排组织一些关于公众法律意识调查和社会调查活动，通过实践调查来帮助学生有效掌握不同人群的法律意识等级，便于学生日后可以有针对性的提供法律服务或法律援助工作。在整个调查过程中，还可以提升学生的交际能力、文字表达能力及总结归纳能力，便于日后胜任相关法学岗位。

8. 以师带徒

以师带徒是应用性专业常用的一种教学方法，通过教师、优秀学长及他人的示范带领，可以引导学生系统了解相关流程和要点。该教学方式对带领者的要求较高，只有带领者自身具备良好素质和专业教学水平才能取得高效教学成效。这种教学方式对于提高法学学生的理论和实践水平具有很大的推广价值。因此，应该认真研究以师带徒的教学方式，并加以推广应用。

二、法学实践教学的主要保障措施

（一）优化教师的实践能力

法学教育是一门实践性很强的学科，不仅要求教师具备充足的理论知识素养，还要具备一定的实践能力，即需要具备相应的法律实务能力。否则，教师教学内容都是抽象的理论性知识，很难帮助学生形成相应的操作性能力。从教学实践来看，部分法学教师严重缺乏法律实务经验和能力，只注重理论知识教学，却忽视实务教学问题，这会阻碍学生实务能力发展。因此，需要优化和提升教师的实践能力，让教师适当参与到法律实践中，提高教师自身的法律运用能力，这样就能更好的展开实践教学，助力学生更好成长。各教研部应根据实践教学任务的需要，结合本教研部课程特点，安排实践经验丰富的教师，积极开展实践教学活动，并将教师的实践教学工作计入工作量，作为教师的考核内容。此外，学院应积极聘请一批具有丰富实践经验的实务部门工作人员作为兼职教师，逐步建立实践教学的"双导师"制度。这样的教学模式将为学生提供更全面、更实用的学习体验，让他们更好地掌握法律知识，并将法律知识应用于实际生活中。

（二）优化实践教学内容的课程设置

构建实践性教学体系，应从以下五个方面入手。

① 明确实践教学目标，改进教学计划。在进行实践性教学体系建设时，教师要明确实践教学目标，将实践教学与理论教学放在同等位置，然后制订具体教学计划，兼顾双重教学要求，在提高学生法律理论综合能力的同时强化法律实践能力培养。

② 确定教学内容，丰富教学形式。在具体教学过程中，教师要积极拓展教学资源，采用多种形式将实践教学与课堂教学结合起来，全方位打造良好实践教学环境。

③ 加强重点课程的建设。可以聘请司法实务界经验丰富的专家来进行实践类知识讲解，主攻律师实务、司法文书、诉讼技巧等课程教学，丰富和积累更多实战经验，以增强学生的实践能力。

④ 探索新的教学方式。例如，可以采用案例分析、角色扮演、小组讨论等教学方式，使学生更好地理解和掌握法律知识，并将其应用于实践中。

⑤ 拓展实践教学基地。可以与法院、律师事务所等机构合作，建立实践教学基地，为学生提供更多的实践机会，帮助学生积累实际工作经验。通过以上措施，可以有效地构建实践性教学体系，加强学生的实践能力培养，提高其法律职业素养和应用能力。教师可以将真实案件与教学内容相结合，借助诊所式教学方法，让学生参与到相关案例事件中，通过真实案例和情境来引导学生如何成为一名优秀法学工作人员。同时，可以引导学生了解实体法

和程序法之间的关系，通过案例分析帮助学生深入理解法律知识。在教学内容方面，应注重培养学生的实际应用能力，避免重复和单调的内容。

（三）重视实践性教学的"软件"建设

教材是开展教学的重要依据，相关院校及教师要重视实践教学教材选购工作，可以采用教育不推荐教材与本院教师制订校本教材相结合的方式优化实践教学"软件"设计，并在教学过程中广泛采用信息技术，不断推进教学资源的共建共享运用信息技术开展教学活动，进一步培养和提高教师制作和使用多媒体课件的能力。为了更好的发挥实践教学功效，相关法学教师要注重实践考核工作，采用多种考核方式有效监督学生在各实践教学环节的具体表现，并做好相关记录，及时给出合理评价和评分，并将其纳入课程教学考核中，提高实践教学在课程考核的比重，学分没有达到规定的要求，不能取得毕业资格；第二课堂实践教学的考核结果作为学生综合测评的依据之一，实践教学成为课程教学的重要组成部分。在这个过程中，学院相关管理人员及教师应该积极探究如何开展有效率的实践教学，结合当地教学特色及学生学习情况创新实践教学内容，提高实践教学的针对性和实效性。

（四）加强实践性教学的规章制度建设

构建健全的教学规章制度体系，是实现教学管理体制化、规范化和合理化的基础，同时也是形成自我调整、自我完善、自我约束良性机制的基石。因此，严格遵守教学规章制度是提高教学管理水平的重要一环。进一步加强和完善实践教学管理，使其规范化、合理化和科学化，保证实践教学的有效运行，确保实践教学质量。

结合法学院的实际情况，制定相关的管理制度。实践教学计划是专业教学方案的重要组成部分。其内容应当包括：实践教学管理体制，其中涉及学校与院系之间的管理关系；法学院是实践教学管理的基本单位，所以要明确其在实践教学中具体组织和落实的基本职能；法学实践教学的具体环节及基本要求；实行实践性教学的计划和教学大纲；实习指导教师的职权与职责；实践教学的组织和管理；实践教学的考核与成绩评定；实践教学的档案管理。

要提高实践教学的质量，必须加强对其各方面的有效监控、科学评价和全面考核。首要一点就是要建立完善的规章制度，通过明确的管理目标、管理流程来优化实践教学，确保实践教学能够规范、有序进行。为了更好的落实相关实践教学要求，法学院应该重新梳理教学目标和制订教学计划，确保各个实践教学环节都能有效落实，不断完善实践教学质量评估体系，展开真实、有效的诊断，深入挖掘问题并进行改进。同时，还要设计科学有效的考核制度，借助考核制度了解实践教学实际质量，加强教师教学日常管理监督，充分发挥考核制度的监督、激励等作用。比如，可以将教师教学完成情况、教学态度等作为教师教学考核指标，并将相关考核结果作为教师晋升、评优评先、奖金的重要指标，从而可以借助适当的物质奖励和精神奖励来增强教师工作积极性和主动性，有效提升实践教学质量。

（五）建立长期稳定的校内外实践教学基地

法学实践教学是一项系统性工作，只有让学生系统、全面体验各种法学工作实践，才能帮助学生形成良好的法律应用意识和能力。因此，法学院校需要构建专门的法学实践教学基地，充分利用校内外相关资源来打造一个满足法学院学生程序法、实体法多方面学习需求的实践教学基地，有效保障实践教学顺利开展。在与校外社会资源合作时，最好是选择法院、律师事务所、检察院等场所，通过与不同场所建立合作关系，可以进行多方面实践教学体验，学生不仅可以接触到民事类案件，还可以接触刑事案件、商事案件等，可以深入了解不同类型案件的特点和法律应用情况。在学生实习期间，学生应该积极配合相关律师及所在的司法机关，在协助过程中全面深入案件全过程，切实提高学生法律应用能力和法学知识实践能力。通过这种方式，学生可以获得更多的实践经验和技能，以便更好地适应未来的职业生涯。同时，实践基地也可以通过学生的实习工作来提高工作效率和质量，实现双赢的效果。

（六）加大对实践教学的物质保障

实践性法律教学需要完善的教学设施，在教育信息化转型时代下，信息化、数字化教学设备是必不可少的，这些先进教学设备也是提高实践教学效果的重要保障。有了信息技术的帮助，法学院师生就可以利用智能软件和设备构建一个多功能模拟法庭，学生可以在模拟过程中不断提高自身实体法和程序法认知及应用水平。需要注意的是，这些智能教学设备建设是需要相当大的一笔资金，有的学校可能会出现资金困难的问题。这时候，高校应该积极争取政府和企业的支持，通过多种渠道筹措资金，为实践教学提供必要的保障。同时，政府和企业也可以通过提供资金支持、减免税收等方式来鼓励高校开展实践教学，提高法学教育的质量和水平。

学院应当努力争取学校对学院开展实践教学的资金支持。学院应当利用各种资源积极募集资金，在每年学院的经费预算中单独列出用于实践教学的费用，学院设立专项资金，支持和鼓励教师组织学生围绕法学实践教学开展改革和创新试验。教师指导学生在第二课堂开展实践教学活动，经学院主管学生工作的领导认可后给予相应补贴。学院定期对教师的实践教学效果进行评估，对于实践教学效果良好的教师，学院给予相应奖励。如果以上措施不到位，会大大影响实践性教学的开展。

第二节　法律人才的培养模式探索

一、法律专业复合型人才培养的必然性

我国法律人才队伍的整体素质还有待提高，尤其是高层次、高素质、复

合型的法律人才短缺问题仍然严重。市场对单一型的律师需求已经越来越少，培养专业复合型人才成为法学教育主旋律，尤其是在法律业务类型多元化发展的今天，需要更多的专业复合法律人才来支撑。

二、选择合适的法律人才培养模式

专业复合型人才指的是同时具备多项专业技能的人，就法学专业来说，学生不仅需要具备法律专业知识，还需要掌握社会学知识、信息技术知识等多领域知识，才能更好的从事法律有关工作。在进行法学教育教学时，相关教师要合理选择人才培养模式，并在保证法律专业水平的基础上融入其他专业的知识，以实现跨学科的复合人才培养。在实施过程中，可以采用横向水平复合和垂直水平复合两种模式。其中，横向水平复合适用于本科教育，可以借助双学位制度来帮助学生同时掌握两门及以上的专业知识；垂直水平复合用于研究生教育，而研究生教育的垂直水平复合则是在保证法律专业深度的前提下，融入其他专业的知识，以实现跨学科的深度融合。这种培养模式不仅能够拓宽学生的知识视野，也能够提高他们在特定领域的法律实践能力。在本科教育横向复合人才培养方面，很多院校都认识到这一人才培养模式的重要性，并积极推行双学位、双专业人才培养，如法律与商务、法律与金融、法律与社会等，通过有关联的跨领域专业有机整合来培养复合型人才。在这个过程中，高校还应该结合自身专业结构、优质专业、地域特色等构建专业群，极大程度满足法学专业学生多领域发展需要。

三、专业复合型法律人才培养路径探讨

从当前法律服务市场来看，明显存在供过于求的情况，但却依然存在缺乏专业复合型人才的问题。这说明传统的法律人才培养模式已经不再适用，高校不能再局限于法律领域人才培养，而是要积极探究多领域融合发展，培养更多专业复合型人才，才能更好的适应当前社会就业环境。

（一）学习借鉴国外相关人才培养经验

相对于英美等发达国家来说，我国在法律专业复合型人才培养方面研究起步较晚，学习借鉴他国先进人才培养模式及相关理论很有必要。例如，美国哥伦比亚大学法学院将统计学、哲学、经济学等作为法律专业的选修课程，明显表现出学生不仅要花费时间学习和掌握法律专业相关技能和知识，还要学习一些哲学、统计学、经济学等基础课程，引导学生综合运用相关法律知识。该学院自 2006 年就开始实施跨领域专业知识教学计划，允许法学专业学生可以选修经济、环境、科技、艺术等领域课程，亦或是接受特定领域的双学位教学，如国际事务、城市社会学等，在这种人才培养模式中，可以有效培养出一大批兼具法律知识和其他领域能力的复合型人才。在具体操作中，哥伦比亚大学法学院的学生在第一年主要参与各种实践活动，提前熟悉未来从事的工作领域，第二年则主要展开智力训练，通过理论与实践相结合的方式帮助学生形成科学思维方法。我国作为一个起步较晚的国家，应该积极学习和借鉴他国及他校的先进人才培养经验，不断拉近我国与国际距离，助力法学学生更好发展。

（二）不断完善专业复合型人才培养模式

目前，我国法律人才市场已经进入买方市场，用人单位掌握着主动权，只有通过用人单位考核才能获得相关就业岗位。这意味着学生自身必须具备扎实理论基础和实践应用功底，才能顺利通过用人单位考核，成功获得就业机会。否则，虽然高校每年都生产大量法学毕业生，但是法律市场已经不再需要大量的人才。从整体市场来看，用人单位需要的是多种类、小批量、有特色的法律人才，法学院不能再采用统一的人才培养模式，而是要在学生接受相同的法律基础教育上实施差异化、多元化人才培养，确保培养出来的人才都各具特色。这样一来，不仅可以满足用人单位的需求，也可以让毕业生更加符合市场的需求。在这个过程中，要学习和借鉴已有人才培养模式，并根据时代发展和社会特点进行完善和改进，培养出更多更优秀的专业复合型人才。

（三）吸取国内复合型人才培养的经验

1. 法学与医学复合型人才培养模式

以我国医学法律人才培养模式为例，该模式旨在培养具有医学和法律交叉学科知识的专业人才。自 1996 年起，南京铁道医学院（现东南大学）就开设了四年制本科法学（医事法学）专业，将法律专业与医学专业进行有机融合，借助这种新型专业来培养出兼具医学知识和法律素养的复合型人才。目前，医事法学人才培养大致可分为三种类型。

第一类，本科培养模式。该大类又可分为三小类，分别是六年制医事法学教育、五年制医事法学教育和四年制医事法学教育。第一种可以同时授予医学和法学双学位；第二种只授予医学或法学单一学位；第三种可以三选一，即在法学、医学和管理学中选择一个学士学位。

第二类，硕士研究生培养模式。该模式指的是在相关专业下设立医事法律或相关研究方向，从而帮助学士同时具备双专业能力。

第三类，采取博士研究生培养模式。例如，复旦大学在民商法专业目录下设置了医事法律方向，这种培养模式更加注重理论研究和学术素养的提升，旨在培养能够在医事领域从事研究和管理的高层次人才。与前两种培养模式相比，这种培养模式更加注重学术能力和研究能力的提升，同时也更加专业化，需要学生具备较高的学术素养和专业知识基础。

法学与医学的综合知识在我国的培养主要通过本科教育来实现，毕业生将被授予法学或医学学士学位。获取本科教育相关学士学位的方法有三种，分别是高考选拔、大学高年级医学生系统学习相关法学课程、高考选拔后根据前期基础课程选择医学专业或法学专业的学习，以满足不同学生的兴趣和职业规划。

这些方法不仅为学生提供了丰富的学术经历，而且为他们未来的职业生涯发展开辟了广阔的道路。无论是从事医学还是法学，或者是两者的结合，他们都将能够利用所学的知识和技能为社会作出贡献。

2. 法学和经济学复合人才培养模式

经济法律类复合型人才的培养模式，以浙江财经学院法学院为例。其实现路径如下。

① 设计复合型、应用型人才培养模式的总体方案。将经济法课程作为人才培养特色课程，在法学教育基础上加强经济学相关知识教学，并合理建设"公共模块"和"专业模块"，提高教学的针对性和应用性，有效落实法律实务训练工作。

② 重塑教学内容体系研究。坚持科学性教学原则，根据经济法特点构建相关课程体系，综合考虑经济、法律及管理等专业关系，构建"经济法理论－经济法律制度－经济法律应用"三位一体的课程内容体系。这一体系融会了理论与实践，为学生深入浅出地揭示经济法律知识的奥秘，帮助学生更好地应用于实际工作中。

③ 重立实验教学体系。加强了经济法实验教学和法律应用的训练，建立了"观摩中国法庭－案例分析－模拟案例处理"的实验体系。模拟法庭和实习基地的建立为实施经济法课程的实验教学体系奠定了物质基础。

④ 创新教学方法。经济法课程教学与会计师、税务师、经济师等资格考试相结合，在多媒体、网络教学方面实现突破，为学生就业竞争力的提高服务。

⑤ 研究改革考核办法。建立平时成绩和期末考核成绩相结合、教考分离、试卷库管理的制度，规范考核办法，使考试成绩能真实反映学生掌握经济法律知识的水平。

⑥加强了教材建设和促进学生自主学习的扩充性资料建设。由浙江人民出版社出版的《经济法学》几经修订已成为浙江省重点规划教材，教案、习题、教学大纲、参考文献目录等教学资源已实现网络现代化。

复合型人才培养，是法律院校的核心使命。这要求我们精准对接市场需求，同时充分考虑每位学生的独特性，进而精心构建课程体系。这种培养模式，非常强调师资队伍的专业性和专业培养方式的科学性，法学院需要结合法律专业业务特点、时代发展需要及学生个人职业规划来打造独特的课程体系，更好的满足学生个性化学习需要，在帮助学生熟练掌握相关法律知识的同时，助力学生个性化发展。通过培养个性化、多类型法律人才，可以有效提升相关毕业生的市场竞争力，提高学生就业能力，满足社会复合型专业人才需要。这种跨学科的复合型人才，将在新时代焕发出更为璀璨的光芒，为社会的繁荣发展作出更大的贡献。

专业复合型法律人才的培养模式对专业法律教育有着重要的启示。第一，高校法律专业的办学应该紧密结合市场需求，不断调整人才培养方案，以满足社会对法律人才的需求。第二，具有某一专业背景的复合型法律人才越来越受到法律服务市场的青睐，高校应该加强跨学科教育，培养更多具有多学科背景的法律人才，以满足社会的多元化需求。

第三节　行政法与法学教育质量的保障措施

一、主动地选择"错位"竞争，以差异性的发展创建有特色的法学教育和法律人才培养模式

一般来说，高校在选择办学定位时需要综合考虑市场需求、自身实力、未来发展潜力等多方面因素。具体来说，高校需要考虑市场对法律人才的需求情况、自身现有的实力，以及通过努力可以达到的目标。高校的根本目的在于为国家和社会输送优质人才，确保国家人力资源能够发挥应有作用。因

此，高校的办学定位会受到客观因素影响，必须结合多方因素综合考虑，常见的因素有所在区域功能需求、所在区域学科布局、办学历史、所在区域经济发展等，通过统筹管理及合理配置各项资源，可以营造良好教学环境，从而更好的适应市场需求，促进高校及相关专业可持续发展。在这个过程中，高校需要做好学校类型、功能、层次、学科水平、服务方向、规模和特色等要素定位，以实现自身的可持续发展。

从市场需求来看，所有行业都遵循功能分类、同层级竞争、不同层级合作等规律。在进行法学教育人才培养时，高校需要做好与其他机构的合作工作，进一步细化专业人才培养目标，通过细化分工的方式来达到多重市场需求。在人才发展过程中，相同功能类别的个体会存在一定竞争与合作，但竞争会占据主导地位，这就意味着法学院及学生应该主动选择"错位"人才培养模式，通过培养差异化人才来减少个体竞争，从而有效提升人才竞争力。就法学教育来说，需要对学生展开职业化教育，通过培养实践型法律人才来促进学生良好发展。这种定位和培养目标不仅符合市场竞争的基本规律，也符合法学教育的本质和目的。因此，我们应该借鉴美国的经验，明确法学教育的定位和培养目标，注重对学生实践能力的培养，以适应市场竞争的需要并提高法学教育的质量。从社会实践来看，法学学生必须掌握基本的法律知识和法学理论，并能够利用这些知识和理论去解决实际案件。为了更好的提高学生法学知识及运用能力，法学院应该多多开展案例教学，借助案例分析来培养和提高学生的分析、判断、解决能力，引导学生学会运用法律思维去思考问题和解决问题。在这方面，国外很多大学都进行了探索。例如，英国的法律教育体系更为注重职业教育，将法学教育分成学术教育、职业训练、实习三个阶段，前者主要进行理论性知识教学，后两部分更为注重实践应用能力培养；还有的欧洲大陆国家兼重职业教育和通识教育，更为强调启发式教学模式，让学生通过集体讨论、自我展示等方式来学习和掌握利用理论知识解决实际问题的能力。

在我国上海交通大学已经提出了"二二制"改革方案，还有中国政法大学的六年制法学教育模式招生实验改革等。虽然各院校还在探索中，但其经验也给我们以启示，让我们了解如何在夹缝中求生存，如何看待我们所处的客观实际，主动应对法学教育危机，提出有针对性、有创见性的策略，以使我们应对危机。

二、将法学教育从以供给者为中心的体制转变为以需要者为中心的体制

为了实现上述培养目标，我们必须从根本上进行转变，及时更新人才培养理念和教育教学模式，将市场需求作为人才培养发展方向，积极培养符合市场需求的法学人才。这意味着要摒弃以往"老师、书本教什么，我们学什么"的教育方式，而是根据社会和学生个人的需求，灵活地调整教育培养模式。我们应该实施分类教育，以满足社会对不同类型法律人才的需求，并充分尊重学生的个人意愿和兴趣。通过这种方式，法学院系能够更好地适应社会需求，提供更具有吸引力的教育培养模式，为社会培养出更多优秀的法律人才。

如果要培养学术型人才，法学院就要将主要精力放到法学基础理论知识教学中，帮助学生系统学习相关法学知识，提高学生法学研究工作能力，确保学生可以完成相关法学知识探究工作。由于学术是在不断发展进步的，教师不仅要进行已有知识教学，更要培养学生前瞻性眼光，引导学生对新事物进行探究。在具体教学汇总，要保证课程内容的理论性和前沿性，可以有效激发学生的兴趣，促进学生深入思考，切实提高学生学术研究能力。同时，教学方式方法也需要更加注重研究性和启发性，如采用专题式教学法和研讨式教学法等，以引导学生主动思考和探索问题。这样的培养模式不仅可以提高学生的学术水平，更能使他们成为具有创新思维和实践能力的人才。

如果是培养应用型人才，法学院不仅要进行基础理论知识教学，还要引导学生学习和掌握国家现行法律法规，深入分析和理解相关法律法规立法意义及运用路径，提高学生法律实务能力。这种培养模式可以让学生更好地适

应法律行业的职业要求，提高他们的职业竞争力。近年法学教育规模的过度膨胀，以及法学教育产品的无序竞争导致了"法律人"供大于求的状况，而对于需要"创牌子"的众多法律院校来说，毕业生的就业情况则直接关到其名声及前途。在销售渠道受阻的情境下，统一司法考试这一权威性的质量认证体系犹如一道闪亮的品牌招牌，为各法律院校的学生们带来前所未有的机遇。通过司法考试比例的高低，决定了他们在法学教育领域中的竞争力。因此，许多法律院校纷纷针对司法考试调整课程设置，这一做法已经成为了教育改革的趋势。

在进行应用型人才培养时，法学院应该积极运用各种实践教学方式，不仅要定期进行庭审模拟、法院旁听等实践活动，还要积极开展案例教学、立法讨论参与、模拟听证会等教学活动，并引导学生自主完成法律援助、法律咨询、社会调查等学习任务，就能在多样化的实践教学中切实提高学生法律应用能力，帮助学生提前适应相关就业环境和工作内容，有效提升学生法律分析、推理能力、证据收集能力、沟通谈判、协调解决争端等方面的技能。这样的教学模式，不仅能够让学生们更好地掌握理论知识，更能够让他们在实践中提升自己的综合能力。

在进行复合型人才培养时，法学院应该与相关学院建立紧密合作关系，通过跨专业选修课程来掌握不同领域知识。与法学专业相关的专业主要有政治、管理、经济、医学、计算机、外语等。通过多元化课程的学习，学生将不断提升自己的综合素质，增强择业竞争力，为未来的职业生涯奠定坚实的基础。

在法学教育的舞台上，应该将学生的就业前景和社会的需求置于首位，不断为人才的多样性搭建一座座彩虹桥。高校及法学院应该积极落实差异化人才培养模式，通过适当分级、分类来培养更多类型的法学人才，促使学生可以在共性要求的基础之上绽放出个性之花。这样的培养方案，如同一位园丁，精心浇灌着每一朵花朵，让它们在法学的大地上绚烂绽放。

三、科学设置课程，丰富教学内容

法学专业的教学内容丰富多样，课程设置合理有序。首先，学生需要学习专业平台课程，包括公共必修课程如英语、计算机等，为未来的职业发展打下坚实的基础。其次，明确专业核心课程，通过完成核心课程学习来全面、系统培养法律专业能力。具体可以参照教育部相关委员会指定的 14 门课程，并在这些课程基础上展开教学。此外，学生还可以根据自己的兴趣和爱好选择选修专业课程，专业选修课程将决定学生的未来就业方向，这些课程设置可以根据法学二级学科相关课程合理挑选，当选定后需要列入必修课程中，成为此类学生的专业必须课。此外，还可以选修一些特色课程，借助特色课程丰富和拓展见识。最后，做好实践课程设置工作，让学生能够真正参与到各种法学实践中，帮助学生将理论知识应用到实际中，提高职业素养和能力。总之，法学专业的课程体系设置合理，教学内容丰富多样，旨在为学生提供全面、深入、严谨的法律教育，培养高素质的法学人才。

根据以上课程群，法学院就可以进行有目的、有针对性的课程体系优化，通过强化核心课程、丰富课程内容体系、拓宽教学平台、强化实践教学等方式来培养多层次、多类型法学人才。课程设置既应当突出该校的教育特色，又应当体现适应法学人才市场需要的时代特色。

在课程设置上，要能够体现各个法学院优势的课程。例如，民族院校的法学院中就应适当地开设一些少数民族习惯法课程、民族区域自治法课程等。这些课程有利于熟悉民族地区本土人文环境的复合型法律人才的培养。

自 21 世纪初以来，我国对于各类专业知识的需求日益增长，涵盖了广泛的领域。这些领域包括但不限于劳动和社会保障、知识产权保护、社会治安综合治理、环境保护与自然资源的利用、房地产和城市规划、行政许可与行政纠纷的处理、人格权保护、文化产业的法律规制、公司治理、司法会计、公共卫生安全、社会治安综合治理、国有企业的改革、国家宏观调控的法律政策、经济犯罪与经济侦查等新型学科。这些专业知识在我国的政治、经济、文化及司法实践中发挥着重要作用。国内法学和法律实务发展迅速，课程设置应当在有限的时间内及时开设才能跟上时代需求，提高学生所学知识的新颖性和应用性。多开设能增强学生在法学知识方面的社会适应性、能增强学生就业能力的课程。

四、提高法学学生的基本素质和职业道德

王泽鉴先生是中国台湾著名法学家，他提出"法学教育在于帮助法律人认识法律、形式法律思维及应用法律知识解决争议"的观点。从他的观点可以看出，法学教育的基本目标在于培养具备法律知识、法律思维和解决争议能力的法律人。因此，相关法学院要重视懂法律人才的培养，将法律专业素养作为人才培育的核心，积极培育法律职业者。为了更好的助力法律职业者良好发展，法学院必须要明确自身出发点和归宿，既要进行法律人才教育，又要做好公民教育，确保法律职业者具备基本公民意识和法律专业应用能力。其中，公民教育主要包括主体意识、权利意识、参与意识、平等意识等方面。同时，学生培养模式可以有多种方向，但基本素质教育是最重要的。

武汉大学法学院院长肖永平认为合格的法律人必须具备三个基本技能，分别是三要素、四商质和多能力。其中，"三要素"指的是三种必备素质，即人文精神、制度理性和实践智慧，不仅需要维护法律法规的权威性，还要看到制度背后的道理，树立远大理想和高尚品德，在面对实际问题时能够作出明智的决策。四商质指的是智商（IQ）、情商（EQ）、德商（MQ）和职商（CQ）这四项软实力。也就是说，法律职业人不仅要具备智商（IQ），还要具备情商（EQ）、德商（MQ）和职商（CQ），能够综合运用法律知识处理好各种人情世故。但在实际人才培养中，很少有院校和教师意识到情商（EQ）、职商（CQ）、德商（MQ）培养重要性，只注重智商开发，严格忽视其他能力培养，这对法学教育发展非常不利，需要进行改进优化。多能力指的是法律人需要具备多

种技能和素质，这些能力的形成是需要长期、持续锻炼积累的。因此，学生需要在实践中不断学习、锻炼和提升自己的能力，以适应不断变化的社会环境和职业要求。因此，学生需要在实践中不断学习、锻炼和提升自己的能力，以适应不断变化的社会环境和职业要求。

美国律师协会认为法律从业者应该具备十大技能：问题解决能力、法律分析能力、推理能力、法律研究能力、事实调查能力、沟通能力、咨询能力、谈判能力、诉讼能力，以及法律工作的组织和管理能力，同时还需要了解并应对职业道德问题。

卡耐基报告提倡的法学院三层次教育，法学院的教育任务不仅是让学生掌握法律知识，更要培养他们的法律思维和职业道德。第一，法学院要注重法学知识的传授。学生需要扎实掌握法律知识，了解法律条文和案例，能够运用法律原理解决实际问题。这种知识层面的教育是基础，也是法学教育的核心。第二，法学院应培养学生的法律思维。学生不仅需要了解法律规则，更要学会像律师一样思考问题。他们需要掌握法律逻辑和分析方法，能够从法律角度分析问题，并运用法律手段解决纠纷。这种思维层面的教育是法学院教育的重点，也是学生未来从事法律工作的必备技能。第三，法学院必须重视学生的职业道德培养。法律职业者承担着维护社会公正的使命，必须具备高尚的职业道德。法学院应该引导学生树立正确的价值观，培养他们的责任感和使命感。一个优秀的法律人才不仅要有扎实的专业知识和思维，更要有高尚的职业道德和操守。总之，法学院的教育任务是培养具备扎实专业知识、优秀思维能力和高尚职业道德的法律人才。通过三层次的教育，学生将能够更好地适应法律职业的要求，为社会公正和法治建设做出贡献。

（一）思想素质

思想素质至少应当包括以下几个方面：高素质的法学人才需要严格自律，

自觉遵守法律、法规和规章制度，同时正确认识"法与权""法与情""法与言"的关系，不以权压法、以情枉法、以言代法，更要具有高尚的法律职业道德和严肃的敬业精神，执法如山，忠于职守。总的来说，高素质的法学人才需要具备尚法精神和正义观念、品质。

（二）法律素质

法律素养是法律职业者必备的职业素养，它涵盖了法律思维、法律表达、法律事实探知能力等多个方面。在知识储备上，法律人需要具备坚实的知识基础，不仅要精通国内法和国际通用法律及规制，还要具备一般的人文知识和技术知识。在学业上，需要取得优秀的成绩，综合测评达到 85 分以上，并获得第二专业学位或辅修第二专业。此外，英语听说读写能力优秀（CET-4 和 CET-6），能熟练操作计算机（国家二级）也是必不可少的。同时，具有一定理论功底和科研能力，能够在公开发行刊物的正刊上发表论文也是对法律人素质的基本要求。在本科毕业后，应尽快通过国家统一司法考试，以提升自己的法律素养。实施法学素质教育不仅是一项复杂的系统工程，更是一种对法学教育模式的积极探索和改进。在素质教学方面，可以采用多种创新方式，如案例教学法、课堂讨论法、诊所式教学法等。同时，通过教学实习、模拟法庭、法律援助等方式也能进一步拓展法学素质教育的空间，让法学教育更加贴近实际、更加生动有趣。由于一些法学院远离市区，应当想方设法利用当地的基层派出法庭、司法所等进行实践性教学，将分校区处于劣势的地理位置变成一种优势。通过上述精心设计的教学，可以有效落实各种法律职业者专业素养和专业能力培养，提高他们的法律实务处理能力，能够采用合适的措施的解决争端。这样的教学安排，让学生在学习过程中如鱼得水，收获满满。

第四节　建立我国法学教育质量标准的路径

一、对我国现有的法学教育质量标准体系的政策性文件进行梳理

从当前国家现行的法学教育相关政策文件来看，我国法学教育还存在一些不足，现有政策文件在法学教育规范、法学教育质量提升等方面力不从心，很难充分发挥出法学教育应有作用，导致培养出来的法学人才与市场实际需求不符，甚至还出现一些社会影响十分恶劣的事件，造成社会大众对法律职业者产生质疑。为了更好的输送合格法学人才，国家相关部门、高校及相关行业协会应该联合探索合适的规章制度，并对其进行实证分析研究，为构建完善、健全的政策文件体系提供帮助。在这个过程中，我们不仅可以为法学教育的健康发展提供坚实的支撑，还可以为社会的公正与和谐贡献力量。

二、研究借鉴发达国家成熟的质量标准建设的经验

除了要进行国内探索外，还要学习借鉴国外先进经验，避免故步自封，通过开放、包容、学习的心态不断发展进步，就可以进一步提升我国法学教育制度保障力度和效果。相对于我国来说，西方发达国家在法学教育标准和制度保障方面的研究起步更早，且取得了很多研究成果，建立了属于他们国家的教育质量标准和保障体系。为了更好的助力我国法学教育发展，相关部门和机构应该研究和借鉴其他发达国家的先进经验和研究成果，并结合我国实际国情进行本地化发展。例如，可以学习借鉴美国、英国、法国等国家的经验，积极建设高等教育质量保障局，并根据我国实际国情在各地设置分局，通过多层级联动形成完善的质量保障机构网络。这些国家的实践与理论，为

我们提供了宝贵的参考和启示，让我们能够更好地完善和发展法学教育标准和保障制度。

三、加强我国法学教育质量标准体系及其相关的保障制度理念与指导原则的研究

法学教育对于一个国家的法治建设至关重要，高质量的法学教育可以为国家培养出优秀的法律人才，能够有效提高国家的司法活动质量和法治程度，真正实现法治社会建设目标。目前，我国正处于社会转型关键时期，法律职业是维护社会稳定和民族团结的重要角色，通过确保法治制度落实到社会各个角落中，让整个社会都被法治环绕起来，就能有效维护社会和谐稳定，让中国人民都身处法治建设环境下。因此，国家和社会都非常重视法学人才培养，法学院作为法学人才培养主要摇篮，更要展开科学、有效的人才培养活动，引导学生自觉利用法学知识维护社会稳定，提高学生公民意识和法治素养，以贯彻落实社会主义法治理念。在制定法学教育质量标准时，应该充分考虑这些因素，以确保培养出来的法律人才具备适应社会发展和法治建设需求的能力和素质。

要想达到优质、高效的法学人才培养目标，国家相关部门和学校应该建立紧密合作关系，共同探究法学教育标准及评估指标，以此满足不同层次、不同类型人才培养需求，也能让不同层级院校都发挥应有功效。在这个过程中，急需解决的问题主要有三个，分别是如何让各类法学院办出特色、如何处理好司法考试和法学教育的衔接问题、如何保证教育质量体系的"十大性"。办出特色意味着要进行"错位"教学，根据学校级别及当地教学资源细分法学教育人才培养目标，有针对性的培养出不同类型法学人才。同时，学校及相关部门要科学处理好司法考试与法学教育衔接问题，可以根据法学教育进度合理设置司法考试等级，将司法证书作为评估学生法律应用能力的重要指标，只有达到相关指标才能获得毕业证书。在教育体系"十大性"方面，就

是要处理好教育质量标准体系的科学性与系统性、法学教育标准要素的通用性与兼容性、教育目标的现实性与长远性、教育措施的导向性与激励性、法学教育评估工作的明确性与可操作性等关系。在具体教学中，相关科研人员可以学习借鉴发达国家的法学教育质量标准和保障制度，分析这些国家都运用了那些理论基础，都得出怎样的研究成果，我国法学教育质量体系建设该从哪些方面落实。通过分析其他国家的法学教育质量标准发展历程，可以更好的明确法学教育质量标准受众、对象、指标等，为构建完善的内外保障制度奠定坚实基础。

参考文献

［1］宋洁. 当代大学生法律素质培养途径探析［J］. 科技创新导报，2016，13（29）：131-132.

［2］刘莹，林伯海. 当代大学生法律素质培养的三个维度［J］. 思想理论教育导刊，2013（7）：52-54.

［3］李彬. 提高大学生法律意识的几个途径［J］. 湖北函授大学学报，2011，24（8）：50-51.

［4］习伟. 高校法制教育现状与大学生法律意识的培养［J］. 产业与科技论坛，2011，10（6）：121，41.

［5］刘金萍，庞聪玲. 加强大学生法制教育浅析［J］. 中国教育技术装备，2011（21）：76-77.

［6］赵英杰. 培养学生法律意识提高学生法制观念［J］. 青年文学家，2011（15）：178-179.

［7］季卫东. 论法律意识形态［J］. 中国社会科学，2015（11）：128-145，208.

［8］陈南雁. 培育和提高当代大学生的法律意识［J］. 法学杂志，2010，31（S1）：188-190.

［9］王海波，杨向荣. 自媒体时代大学生法律意识培育的困境与对策［J］. 思想教育研究，2016（3）：91-94.

［10］谭胜煌. 大学生法律意识培养路径探究［J］. 法制与社会，2017（21）：237-238.

［11］曹燕. 依法治国视阈下大学生法律意识现状及对策研究［J］. 陕西教育（高教），2017（12）：73-74.

[12] 郭紫洁. 新形势下大学生法律素养培养初探 [J]. 天津职业院校联合学报，2018，20（11）：96-100.

[13] 曾学清. 网络时代大学生法律意识培育及教育对策 [J]. 中国多媒体与网络教学学报（中旬刊），2018（10）：84-86.

[14] 王玮琦，徐一娉. 高等教育学生法治意识的培养 [J]. 教育教学论坛，2018（41）：74-75.

[15] 杨用才. 大学生法律信仰培育探讨 [J]. 学校党建与思想教育，2018（18）：15-16，24.

[16] 陈大兴. 高等教育中责任与问责的界定 [D]. 上海：华东师范大学，2014.

[17] 张淑平. 论我国高校学生管理行为的司法审查[J]. 福建工程学院学报，2008（4）：372-375.

[18] 单红波. 高大学生公民意识现状及教育对策 [D]. 延吉：延边大学，2010.

[19] 沈兰. 高校学生申诉制度的完善 [J]. 科技信息（学术研究），2007（21）：639-640.